"十三五"国家重点出版物出版规划项目

诺贝尔经济学奖获得者丛书
Library of Nobel Laureates in Economic Sciences

货币经济学

Monetarist Economics

米尔顿·弗里德曼（Milton Friedman） 著
任 力 译

中国人民大学出版社
·北京·

作者简介

在米尔顿·弗里德曼五十年的学术生涯中，他一直是“芝加哥经济学派”公认的领导者，芝加哥经济学派的信徒们已经让货币理论重新成为公共政策的基础，取代了被广泛接受的凯恩斯主义宏观经济学。

《货币经济学》(*Monetarist Economics*) 收录了米尔顿·弗里德曼为经济事务研究所（IEA）撰写的主要论文，该研究所一直是战后英国古典自由主义经济学派的主要代表。他的论文为说明过去几十年来全世界政治议程发生根本性变化的知识渊源以及政治经济学中新的发展动向提供了强有力的证据。

米尔顿·弗里德曼于 1946—1977 年担任芝加哥大学经济学教授，并且是斯坦福大学胡佛研究所的高级研究员。

序　言

一提到米尔顿·弗里德曼（Milton Friedman）这个名字，我们中的大部分人会立即想到他是货币主义——即“货币重要”教义——的巨擘。他很可能是自凯恩斯爵士以来对政府政策影响最大的经济学家。尽管人们对于弗里德曼的这些普遍认知是对的，却没有充分认识到他对于更宽广的知识和学术领域所作出的贡献。[1]

弗里德曼对于人类知识的第一个主要贡献是在数理统计领域。1937 年，弗里德曼写作了一篇关于有序数据方差分析的重量级论文，这篇论文还是非参数分析领域的先驱。第二次世界大战期间，弗里德曼在参与一个统计小组研究时，致力于解决最实用的问题，并与艾伦·沃利斯（Allen Wallis）在真正意义上共同开创了一个统计学的新领域——统计序贯分析。这种新的方法对于样本信息使用更加充分，而且在二战后期，它促使有极大提升的质量控制体系被更多地运用到军工产品生产中。（而且如你所想，在 20 世纪 50 年代，这种方法又被广泛并有创造力地应用到日本工业界。）弗里德曼对于统计学的贡献不在于正规的分析，他常常将正规分析留给其他人去做。其贡献的主要特点是其跳跃的想象力与对要旨的牢牢把握。

尽管弗里德曼在统计理论上的贡献令人钦佩，但这些贡献可以说仅仅是其对于实证经济学兴趣的副产品。他坚信经济学应当被视为一门科学，其中的试探性假设需要通过比较理论预测和实际结果来进行检验。理论仅仅是重构其假设和逻辑内涵的方式。仅仅当理论内涵与实证证据没有矛盾的时候，理论才获得了其实在性和可信性。

提倡这套方法论的书是他的《消费函数理论》（*A Theory of the Consumption Function*，Princeton，1957）——我相信学界所有的经济学家会将这本书奉为弗里德曼最重要的著作。其中的理论很简单：消费支出决定于一个人的财富或永久收入，却基本不受其暂时性收入的影响。与这种简单相对应的是对理论内涵最复杂的阐释和对实证证据无可比拟的积累、组织和解释。弗里德曼辛勤地搜集了所有可能否定他的“永久收入理论”的统计和非统计证据，这充分显示出了他在学术上的正直品格。这本书在方法论上赋予了应用经济学新的标准；显然这也是研究应用经济学应有的方式。这本书的理论预测力很快在1966—1968年约翰逊总统时期得到了证明。遵循被认为完全正确的凯恩斯经济学建议，约翰逊总统通过临时提高税收来给过热的经济降温。然而弗里德曼的假设意味着约翰逊的做法不能收到预期效果，且事实上确实没有。对财政政策的“微调”遭遇了重创，却没有被政府马上放弃。政府依然认为可以在失业和通货膨胀之间做出取舍。

然而，1968年12月，弗里德曼证明了这种取舍（菲利普斯曲线）仅仅是短期现象。试图通过扩张性财政和货币政策来将失业率降低到“自然失业率”的做法仅仅能暂时地改善就业情况，而付出的代价是引发日益加速的通货膨胀。这其中的主要教训是，如果政府将低失业率或高产出增长率这样的实际变量作为宏观政策的目标，结果就是：一方面是经济增长和失业水平上的大失所望，另一方面是螺旋上升的通货膨胀。[2]弗里德曼令人信服地解释了到目前为止波及过所有国家的，尤其是20世纪七八十年代的，萧条和通货膨胀并存（“滞胀”）的神秘现象。

弗里德曼对于货币政策的兴趣是基于其丰富的学术成果［见他的《货币政策备忘录》（*Memorandum on Monetary Policy*）[3]］。他的学术成果在当今时代只有哈耶克（Hayek）可以与之相提并论。1951年，他创立了芝加哥大学货币理论研讨班。自那时开始，弗里德曼和他的学生们不仅仅发展和完善他们的货币理论，而且将用各个国家和时代的证据来批判性地检验这些理论作为其首要目标。其与安娜·施瓦茨（Anna Schwartz）合著的《美国货币史：1867—1960》（*Monetary History of the United States 1867—1960*，1963）对经验证据进行了这个领域内从未有过的仔细和创造性的积累和分析。这本书的基本结果可以简洁地归纳如下：

1. 长期来说，名义（货币）变化仅仅有名义效应（对价格），却没有实际效应（对产出和就业）。

2. 短期来说，货币变化对实际产出和就业有效果，并有高度可变的滞后期，但是这种实际效应持续时间不长。

从本质上说，弗里德曼发现，货币增长所产生的长期均衡效果非常确定，然而达到长期效果前的短期调整动态依然是未知的，而且受制于诸如预期和信心这样的我们知之甚少的因素的影响。

《美国货币史》一书为弗里德曼一直坚持的一个观点提供了坚实的基础，即最好的货币政策就是货币供给量年复一年保持一个固定但微小的增长速度。通过这样的货币政策，通货膨胀率会保持在一个可以容忍的低水平上，同时使得由货币增速变化导致的在产出和就业方面可避免的震荡得以消除。因为它认识到我们一直以来对于短期调整动态过程的无知，所以这个主张是谦逊的：货币政策最好在短期不要损害经济，在长期保持一个稳定的价格水平；人们最好能知道，货币政策遵循这一简单的法则，而不是因货币当局的突发奇想和伎俩变来变去。

尽管弗里德曼对许多被冠以“货币主义”的政策做了适当的抱怨，但是实际上，所有西方国家至少接受了通过设定低货币增长率目标来控制通货膨胀的原则。“微调”并没有消失，而是成为辅助性的甚至在某种程度上不信用的招数。尽管弗里德曼宣称[4]这种政策上的转变是由重要事件尤其是20世纪70年代的通货膨胀导致的，但我认为这主要应该归功于弗里德曼自己。弗里德曼认识到需要较长时间才能控制住通货膨胀，因此他建议采用一些减少不利效果的政策。本书[5]中关于指数化的论文提出了若干条驯化通货膨胀猛兽的建议。尽管这些具有实用性的（并被广为采纳的）政策建议被严密地论证了，但我怀疑像他的许多政策提议一样，我们中的大多数人对于将猛兽驯化成宠物持有保留意见。宠物依然可以作害。我们很有兴趣了解弗里德曼关于近 15 年经历的反思。

尽管弗里德曼在货币经济学上的贡献令人赞叹，然而或许大多数职业经济学家会认为他真正的专长是应用价格理论。[本书在他关于“租金控制”的论文《出售住房还是对房租进行最高限价？当前的住房问题》(Roofs or Ceilings? The Current Housing Problem)[6] 中有关于这方面为数不多的内容] 弗里德曼将复杂问题简化并从中抓取本质的能力，以及弗里德曼将他对理论内涵和实证证据的把握精彩地展现给读者的能力让我们认识到他穷尽数十载研究货币经济学的机会成本。

至少对于信仰自由主义的人来说，这种机会成本更为巨大。因为同哈耶克一样，弗里德曼是伟大的自由主义捍卫者。他的所有政策提议都是包含在法律规则的框架下，这个框架还包括法律之下追求提升个体自由。他宣称了他在道德上的信念以及对自由社会优于管制计划体系[7] 的物质优越性的信念。在超过半世纪的学术研究之后，自由社会的理念在那些长期受极权主义压迫的国家中取得了令人震惊的进步。我确信弗里德曼将会证实，在我们经历源于不好思想而产生的结果之后，最终好思想会胜利。事实上，诸如亚当·斯密（Adam Smith）和米尔顿·弗里德曼这样的杰出个人毋庸置疑为此做出了伟大的贡献。他们确实改变了历史。

艾伦·沃尔特斯爵士

(Sir Alan Walters)

注 释

1. 关于弗里德曼的更广泛的描述，参见*Milton Friedman* entry in the *New Palgrave*: *A Dictionary of Economics*, John Eatwell, Murray Milgate and Peter Newman (eds), Macmillian, London, 1987。

2. 见第四章和第五章。

3. 见第二章和第六章。

4. 见第四章。

5. 见第五章和第六章。

6. 见第八章。

7. 见第七章。

目　录

一、货币理论的反革命*[1]

今天很高兴来到这里和你们一起，部分是因为我很荣幸成为哈罗德·温考特（Harold Wincott）讲座的第一个讲授者，部分是因为不列颠岛对经济学做出了如此多的贡献。我有幸能够不时地回到英国，而回到英国既意味着回到一群温暖的朋友中，也意味着回到一群友善的敌人中。

今天下午我主要谈的是科学发展，这个话题几乎与意识形态或者政治无关。尽管如此，但不管哪个政党或者出于何种目的而实行的特定种类的政策，其可能产生的效果都极大可能会影响科学发展。因此，科学发展与

* 第一届哈罗德·温考特讲座，于1970年9月16日在伦敦大学议事大楼举行；最初发表于 IEA Occasional Paper No. 33（1970）。

政府政策息息相关。

一次反革命发生之前必将经历两个阶段：革命开始前初始状态阶段和革命本身阶段。为了界定阶段，我想首先就初始状态和革命本身做一些论述。

我们可以轻而易举地为这些状态命名，我将初始的状态命名为货币数量论。尽管有很多著名的英国经济学家也为这一理论做出了重要贡献，但我主要将这一理论与一位美国经济学家——欧文·费雪（Irving Fisher）——联系在一起。如你们所知，针对货币数量论的革命是由凯恩斯在20世纪30年代发起的。由于凯恩斯本人是一个货币数量论者，因此，这次革命是从货币数量论的核心开始的。凯恩斯的名字显然与这次革命联系起来。针对凯恩斯革命的反革命也需要一个名字，或许人们用于指代这次反革命最常用的名字是“芝加哥学派”。然而，近来人们又给它起了一个不那么可爱但如此贴切以至于不能不用的名字，即“货币主义”。这是因为人们又重新开始强调货币数量的重要作用。

不论是政治上还是科学上，一次反革命并不能还原到其初始状态。反革命常常产生一种类似于初始状态却又深受之前革命影响的状态。货币主义也是这样，它受益于凯恩斯的著作。尽管与很多其他的事物一样无法反驳，但我必须说如果凯恩斯能活到今天，他毋庸置疑将活跃在货币主义反革命的最前沿。永远不要根据一位大师的信徒来评判他本人。

1. 欧文·费雪和货币数量论

我先简要地从讲述初始状态来开始这一讲座，货币数量论主要是欧文·费雪发展出来的。在我看来，费雪是到目前为止最伟大的美国经济学家。他同时也是一个极其有趣而古怪的人。费雪不仅仅是一位经济学家，他还参与了很多其他活动，比如他还是美国禁酒党的领袖之一。实际上，我怀疑他的职业声誉因为他参与了这些活动而受到损害。他在接近三十年里采访了所有的总统候选人以探明他们在酒精问题上的态度。他的作品中，被翻译成最多种语言的畅销书不是关于经济学的，而是关于健康问题的。这本书的名字叫《如何养生》[*How to Live*，与 E. L. 菲斯克博士（Dr E. L. Fisk）合著]，它是关于如何饮食以保持健康的。但是，即使这本书也是对科学的巨大贡献。他在刚刚 30 岁时罹患肺结核，因此有一年的时间他和他的内科医生生活在一起。他那时去了空气更好的远东生活，沉浸于对健康和饮食方法相关问题的研究中。如果用结果来评判他的科学研究成功性的话，他活到了 80 岁。你们可能也知道，他还是一位重要的统计学家，发展了指数理论。除了数学、经济学和效用理论方面的贡献外，他还发明了护理表归档系统。这个系统现已为大家熟知，就是将一个小信封与另一个小信封粘在一起，使得你可以拉出一个扁平结构的抽屉从而看到里面所有的东西。他创建了雷明顿兰德公司（Remington-Rand Corporation）来生产和推广他的发明。你们可以看到，费雪是一个拥有广泛的兴趣和能力的人。

MV=*PT*

货币数量论的基本观点是，一方的货币数量和另一方的价格存在着一定的关系。这是经济学中最古老的观点之一，可以追溯到数千年之前。但是一般化地表达这一观点是一回事，在一方的货币和另一方的价格和其他变量之间引入一个系统是另一回事。与前人所做的相比，欧文·费雪更为详细地分析这些变量之间的关系。他提出并推广了后来的数量恒等式 $MV=PT$，即货币量乘以流通速度等于价格乘以交易量。这个公式曾经是每个经济学本科生都要学习的，后来有段时间不学了，现在随着芝加哥学派的发展，这一理论又重新成为他们必学的理论。费雪不仅提出了这个公式，还将其应用到很多问题中。他曾经写的一篇著名文章将经济周期理解为“美元的舞蹈”，而经济的波动则反映了货币数量的变化。或许与目前的形势更相关的是他详细地分析了通货膨胀和利率之间的关系。他在这一主题上出版的第一本书是1896年的《估值和利率》（*Appreciation and Interest*），这本书的观点在今天依然有借鉴意义，并且可以立即应用到当今的形势中去。

在这本书中，费雪做了一个曾经过时而现在又重新广为应用的区分，即以100英镑每年产生的英镑数计的名义利率和修正过价格变化的实际利率之间的区分。假如你借给某个人100英镑并在12个月后收到106英镑，而在这12个月中价格提高了6%，那么你在12个月后所得到的106英镑的价值并不比今天的100英镑多。这个例子中的名义利率是6%，实际利率却是零。对名义利率和实际利率的区分对理解货币政策的效果和利率变动具有最重要的意义。费雪还严格地区分了事后实际支付的“实现的实际利率”和事前贷方预计获得的或者借方预计将要支付的“预期的实际利率”。如果预计到价格将要上升6%，那么没有人愿意以6%的名义利率借出资金。如果借方确实以6%的利率借出资金，那么一定是因为他预计价格不会上升6%，即实现的实际利率高于预期的实际利率。对实现的实际利率和预期的实际利率的区分，对我们理解今天发生的一系列事件极具重要性。

这解释了为什么通货膨胀一旦发生就很难停止，因为一旦通货膨胀加速，人们就会形成通货膨胀预期。不论是借方借钱还是贷方贷款，人们都会把通货膨胀预期算到利率中去。

广泛的共识

大约 20 世纪 30 年代，欧文・费雪的观点得到广泛认同。在货币理论中，费雪的分析暗含着数量等式 $MV=PT$ 中的流通速度高度稳定而且独立于数量等式中其他项的变化。因此，货币数量的变化只能表现为价格的变化或产出的变化。当时人们广泛地认为，短期经济的波动理所当然地反映了货币数量变化或者可获取的信贷条件的变化。人们还顺其自然地认为，大多数时期的价格趋势是对该时期货币数量变化的反映。

在经济政策上，人们普遍认为货币政策是稳定经济的主要工具。进一步地，当时对于货币政策主要通过剪刀的两面来实施这一点已经形成共识：其中的一面在美国被称为“贴现率”，在英国被称为“银行利率”，另一面则是买卖政府证券的公开市场操作。

以上观点大体上就是凯恩斯革命发生以前的初始状态，这些观点得到广泛的认可。至今我仍认为《论货币改革》（*A Tract on Monetary Reform*）[2]是凯恩斯最伟大的著作之一，而这本书就反映了以上描述的广泛共识。

2. 凯恩斯革命

结束共识局面的是由一系列事件引发的凯恩斯革命。我的同事乔治·斯蒂格勒（George Stigler）在讨论思想史时，认为一个学科的重大变化常常源于学科内而不是外部事件。一般而言，他可能是对的。但是在这个特殊实例上，我相信这次针对货币数量论的革命源于被称作“大萧条”或者“大紧缩”的历史事件。在英国，这次紧缩起始于英国将黄金价格固定回其战前平价的 1925 年，而终于英国脱离金本位的 1931 年。在美国，紧缩始于 1929 年，终于脱离金本位的 1933 年初。在英美两国，经济环境在紧缩结束、扩张开始的很多年后依然保持萧条。

大萧条中得到的错误教训

大萧条的经历动摇了人们对货币数量论的认可，因为人们认为大萧条证明了货币政策是无效的，至少对挽救经济下行是无效的。那时候所有的警句都被搜集起来用以说明为什么货币宽松不一定会导致经济扩张，比如

“牛不喝水强按头”，“货币政策就如绳子：可拉不可推”，等等。

碰巧对大萧条的这一理解是完全错误的。正如我下面要充分论证的，后来经过重新审视，大萧条是对货币政策有效性的悲剧见证，而不是对货币政策无能为力的佐证。然而对理念世界来说，重要的不是什么是真实的，而是什么被认为是真实的。那时人们尝试了货币政策，并认为货币政策正是人们需要的。

这种观点部分地反映了当恶劣的经济问题出现时货币当局推卸其自身责任的倾向。制定货币政策的人是和你我一样的人类，当坏事发生时把责任推向他人是人类的共性。在与他人合著一本关于美国货币历史的书时，我做了一项沉闷的工作，即通读了联邦储备委员会 50 年的年度报告。这项沉闷工作中唯一有意思的事情是对于货币政策力量导致的周期性震荡的描述。在好的年份，你将从那些报告中读到“多亏联邦储备系统制定了非常好的货币政策”。在坏的年份，你会读到“尽管联邦储备系统已经制定了完善的货币政策”，然后报告中会接着指出货币政策的影响非常有限，而其他因素的力量远强于货币政策。

那时候，货币当局声明他们在追求宽松的货币政策，而事实上他们并没有。他们的声明大体被外界接受了。

因此，凯恩斯和许多其他经济学家认为货币当局已经尝试过货币政策，并且改善了经济状况。与大多数人相反，凯恩斯用另一种分析方法解释了大萧条发生的原因并且提出了一种改善经济状况的办法。

凯恩斯对货币数量论的批判

凯恩斯没有否定欧文·费雪的数量恒等式。凯恩斯表述的是另外一些东西，即尽管 MV 等于 PT，但是货币流通速度不是高度稳定的，而是有很强适应性的。当货币数量增加时，货币流通速度会降低从而使得等式另一方的价格和产出都不会发生任何改变。相应地，如果由于某种原因导致等式右边的 PT 或者收入提高了，同时货币数量没有发生变化，那么货币流通速度将加快。用凯恩斯的话来说，货币流通速度就像鬼火一样摇曳不定。货币数量和收入的变化都会导致货币流通速度发生变化。因此，货币数量本身并不重要。（我试图将技术性强的材料叙述得很简短，以使得人们更容易充分理解费雪和凯恩斯的观点。但我想强调，我的论述做了很多的简化，因此不是对任何一方理论的完全阐释。）

凯恩斯认为，重要的不是货币数量，而是独立于当前收入的总开支的一部分，后来被称为自发性支出。在实践中，自发性支出主要是由私人投资和政府投资组成。

因此，凯恩斯使人们不再关注货币的作用以及货币和收入流的关系，而是关注对应于自发性支出的收入流和对应于引致支出的收入流的关系。进一步地，他认为在当代世界里，价格是高度刚性的，而数量可以轻易变化。不管出于什么原因，自发性支出改变导致的收入变化将主要体现在产出的变化上，而要经过很长的滞后期才能较少地体现到价格上。价格由成本决定，成本的主要组成部分是工资，而工资由过去历史的偶然事件决定。

凯恩斯认为，大萧条是投资需求的崩溃导致的，反过来又反映了使用资本的生产机会的崩溃。因此，大萧条的引擎和马达是由投资的崩溃通过乘数过程转化为收入的崩溃。

政策启示

以上理论对经济政策有着深远的启示。它意味着货币政策是不重要的。货币政策的唯一作用是将利率保持在低水平上，这一方面减轻了政府归还债券利息的压力，另一方面对投资有些许刺激作用。这一理论促使了低利率货币政策的横空出世。该政策在二战后被各国广泛使用。

凯恩斯理论的第二个启示是经济稳定性并不像货币数量论者所认为的那样依赖于货币政策，而是主要依赖于财政政策，特别是政府支出和税收的变化。

第三个启示是通货膨胀主要被认为是一种成本推动现象。尽管凯恩斯本人并未做出结论，但是该理论认为要通过收入政策抵抗通货膨胀。如果成本决定价格且成本是过去决定的，那么停止价格上涨的办法就是让成本不再上升。

这些观点逐渐地在理论上和政策启示上大体都被经济学家们接受了。因为时间差距，现在很难再估计这些理论当时得到过如何广泛的认可。但是，我想引用一段话来让你们了解一下二战末期人们的看法。顺便说一句，这些观点在英国得到的认可比在美国持续的时间更长，因此让你们了解我想叙述的情况应该比在美国更容易。我想引用的话出自约翰·H. 威廉姆斯（John H. Williams），他是一位哈佛大学经济学教授兼美联储纽约分行（Federal Reserve Bank of New York）的资深顾问，一般认为，他是一名反凯恩斯主义者。他在 1945 年写道："我一直认为货币数量本身对价格和生产的作用仅仅是许可性的，而非实证性的。"而我想强调的是，他还写道："在战后，我看不到任何一般性的货币控制可以得到恢复的迹象。"这是一段影响力巨大的陈述，其影响力持续了很长时间。

在美国，将凯恩斯的观点应用到经济政策的高潮很可能是肯尼迪政府时期的新经济学家们。他们的代表作是 1964 年的减税措施，这一措施正是完全基于我上面所述的原理制定的。

在简要勾勒了货币数量论的初始阶段和凯恩斯理论的革命阶段后，现在我要开始讨论货币主义者的反革命了。

3. 反革命

正如很多其他事情一样，正当凯恩斯的理论在实践中高奏凯歌时，他们失去了对学术界学者思想的控制力。一系列因素导致了人们对凯恩斯学说态度的转变，其中一个因素是二战刚刚结束后的经历。基于凯恩斯主义的分析，经济学家预期战后将发生另一个大萧条。由于我们过去二十多年来一直经历着通货膨胀，我们很难想象那个时代为何笼罩着这样的情绪。但是与美国类似，当时英国和许多其他国家的主流观点认为：一旦二战结束，刺激经济的政府投资和用于军火的政府支出结束，经济将和大萧条时期一样由于缺乏投资机会而发生巨大的崩溃。大量的失业和通货紧缩成为当时笼罩在人们心头的妖魔鬼怪。但是，正如你们所知，这些后来并没有发生。

战后最大的问题是通货膨胀，而不是通货紧缩。

第二个战后经历是低利率货币政策的失败。在英国，当时的财政大臣道尔顿（Dalton）试图按照凯恩斯政策将利率保持在很低的水平上。但是如你们所知，他由于做不到维持低利率而不得不放弃。同样的情况也发生在美国。美联储实施了一种固定债券价格的政策以降低利率。然而，在 1951 年财政部和美联储协议为利率自由化奠定了基础之后，这一政策最终于 1953 年被放弃。在一个又一个国家，不管在哪里实施低利率政策，通货膨胀总会发生，然后都不得不放弃这一政策。所有的国家都是在实施了正统的货币政策之后才控制住通货膨胀。1948 年的德国是一个例子，稍后的意大利和再往后的英国和美国也是如此。

重新审视大萧条

另一个导致对凯恩斯主义质疑的重要因素是由于对货币历史尤其是对大萧条的重新思考。通过细致地检查历史证据，我们发现错误的货币政策要为大萧条负责。1929—1933 年，货币数量降低了三分之一。很显然，这种货币数量的减少使得萧条更加严重，持续时间更长。同样重要的是：事实证明货币数量的减少并不是由“不愿喝水的牛”导致的，也不是由“不能推动的绳子”导致的，而是联邦储备系统实施的货币政策的直接后果。

1930—1933 年，由于联邦储备系统无法向银行体系提供流动性，大量的银行挤兑和倒闭顺其自然地发生了。公众因为担心存款的安全性而将大量存款转化为现金，这些银行因而倒闭。在部分准备金制度下，除非有额外的现金来源，银行在所有存款者挤兑的情况下不倒闭简直是不可能的。正是由于 1907 年银行危机的发生，联邦储备系统于 1913 年应运而生，旨在发生银行恐慌时为其提供流动性。1930—1933 年，尽管联邦储备系统内部许多人认识到了其应尽的职责并号召为银行提供流动性，最后还是没有为银行注入额外的流动资金。

当时，人们广泛地宣称，货币量减少是由于借款意愿下降造成的。对于这一说法最有力的反驳是许多银行因为政府证券价格的降低而倒闭。实际上，后来所发生的是，比起那些通过购买了大量国债和市政债券获得次级流动性的更谨慎的银行，许多有坏账的银行更好地度过了危机。其中的原因是政府债券存在一个市场，因此当银行监管机构来检查银行时，它们按照市场价值记录政府债券的价格，但是由于没有坏账市场，银行监管机构则按照票面价值来记录坏账的价值。因此，很多更小心更保守的银行倒闭了。

货币数量降低了三分之一，且大约三分之一的银行倒闭了。这本身就是一个引人入胜的故事，也是我唯一能谈及的故事。我要说的重点是：可以清晰地看到，在整个大萧条过程中，联邦储备系统本来可以阻止货币数量的减少并增加货币供给。人们并没有真正尝试货币政策，所以货币政策并不是无能为力的。货币政策根本就没有实施。或者换句话说，货币政策只是被误用了而已。被误用的货币政策使美国和全世界的经济都陷入了通货紧缩。如果凯恩斯像我们今天一样知道大萧条的真相，他就不会对那段历史做出那样的解读。

更广泛的证据

导致人们开始质疑凯恩斯主义并且提出新理论的另一个学术因素是对货币数量和收入、价格及利率之间关系的大量的实证分析。说明这些实证分析重要性最简单的方式或许是从凯恩斯主义的一个重要元素入手。凯恩斯主义认为，货币流通速度是被动变化的，如果货币数量增加，货币流通速度就会下降。但是，经验证据证明，货币流通速度并没有降低，也没有抵消掉货币数量的增加，相反，它加快并加剧了货币数量增加的效果。在美国，当货币数量从 1929 年到 1933 年降低了三分之一时，货币流通速度也降低了。几乎在任何国家，当货币数量增加时，货币流通速度也快速地增加了。因此，货币流通速度的变化并非抵消了货币数量的变化，而是加剧了其影响。

我不能穷尽这一领域的所有科学研究，我只能说大批研究这些关系的学术文献涌现出来。这些研究清晰地发现，货币数量变化和其他经济变量之间持续存在着与凯恩斯假定不同的关系。

至少在美国，给正统的凯恩斯主义最后一击的是近些年来在美国国内发生的一系列重大事件。这些事件围绕两个重要的问题。第一个问题是货币数量还是利率是实施货币政策的更好标准。一方面，追溯到 19 世纪早期的真实票据学说的中央银行家认为应该混合使用这两个变量，另一方面，凯恩斯主义者大多认为利率是实施货币政策的重要标准。相反地，新的解释认为利率是错误的货币政策标志，中央银行家更应关注货币数量。第二个重要的问题是财政政策和货币政策的相对作用。这里的财政政策指的是保持货币数量不变条件下政府支出和税收的变化。这里的货币政策是指保持政府支出和税收不变条件下货币数量的变化。

财政政策和货币政策

讨论财政政策和货币政策相对作用的主要问题在于如何将财政政策和货币政策分离开来，因为通常它们是配合实施的。如果政府在不加税的情况下提高政府支出，即通过财政赤字来实施扩张政策，那么政府将通过印钞来支付其中的部分赤字。相反地，如果政府有财政盈余，那么它会使用盈余来减少货币量。但是从分析以及研究芝加哥学派的角度来看，分开考察财政政策和货币政策各自独立的运行规律是很重要的。凯恩斯主义者的立场十分鲜明，他们认为财政政策本身对收入水平有很重要的影响，不管是通过向公众借款还是印制货币来支付巨额财政赤字都有着同样的扩张效果。

“货币主义者”反对凯恩斯主义者的观点，他们认为财政政策大体上是无效的，对经济真正有作用的是货币量。乍一看来，这好像是一个愚蠢的想法。认为政府只增加支出却不增加税收的政策本身不是扩张政策，这一说法看似荒唐。这种政策通过增加政府支出提高了人民收入，也没有为此从纳税人手中拿走一分一毫。难道这不是明显的扩张性或者通胀性政策吗？到目前为止，确实是的，但这只是故事的一半。我们要问，政府将如何为它多花出去的钱融资。如果政府通过印钞来支付账单，那么这是货币政策，而我们要看财政政策的单独表现。如果政府通过向公众借款来获得资金，那么借钱给政府的这部分人将有更少的钱用于支出或者借给他人。更高的政府支出的效果仅仅是政府和接收到政府资金的人花销更多了，而借钱给政府的人以及这些人原本的借款对象的支出更少了。分析总支出变化的净效应更为复杂，这里要考虑上述两部分人行为的区别或者政府借债对利率的影响。净的效果不是一阶效应。

来自美国“实验”的证据

对这些重要问题的第一次严格检验发生在 1966 年的美国。1966 年春天，出于对通货膨胀迅速发展的恐惧，美联储姗姗来迟地对经济狠踩了刹车板。我说“狠踩”是因为基于美联储过去 50 年的记录，它们的反应总是过迟过大。美联储几乎每次都是在经济出了问题后很久才做反应，反应又过于强烈。1966 年的政策措施是极度紧缩的货币政策和极度扩张的财政政策共同作用的结果，那一年货币量在最后 9 个月一直没有增加。因此，这可以看作一个漂亮的实验。财政政策和货币政策哪一个会发挥主导作用呢？凯恩斯主义通常主张财政政策会发挥主导作用，因此预期 1967 年将会继续经历快速地扩张。货币主义认为货币政策将会发挥主导作用，而事实证明他们是对的。在 1966 年紧缩性货币政策之后，1967 年上半年的经济增速显著减缓了。而到 1967 年初，美联储改变其货币政策，开始疯狂地印钞。6～9 个月后，也就是货币政策发挥作用的正常滞后期后，收入水平得以恢复，而经济活动随之得到快速的扩张。

一个更具戏剧性的例子是 1968 年以及 1968 年至今的经历。1968 年夏天，在经济咨询委员会（Council of Economic Advisers）的影响和约翰逊总统的支持下，国会开始额外征收 10%的所得税。这项措施旨在改善那时日益严重的通货膨胀现象。凯恩斯主义的信徒如此相信这项措施的效果以至于担心税率过高。他们认为税收提高过多会导致经济停滞不前。他们用自己的观点说服了美联储，或者说美联储本来就持有相同观点。因此，美联储决定采用扩张性货币政策来中和过度的紧缩性财政政策的效果。这是美国的不幸，却是科学知识的幸运。货币主义和凯恩斯主义再一次出现了预测的分歧。凯恩斯主义者或者财政主义者（fiscalist）认为额外的税收最迟会在 1969 年上半年造成经济增长的大幅减缓，货币主义者则主张货币量的快速增加产生的影响将超过财政政策的紧缩效果并造成 1969 年上半年持续的通货膨胀。货币主义者再一次被证明是正确的。1968 年 12 月，美联储降低货币量增速，开始实行紧缩性货币政策，经过一段正常的滞后期，经济增长开始减缓。对这个理论的检验还在进行中，但是到目前为止，其结果确认了货币政策比财政政策更为重要。

“这是我现在所处的境地”

俗话说：“孤燕之来亦非春。”我认为货币政策更为重要这一信念并不是来自以上几个戏剧性的片段。这种信念来自对过去百年的经历和很多国家经验的总结。前面所述的片段只是对货币政策效果的示例，而不是证明。然而，普通公众大多不能接受连篇累牍的统计分析。一两个戏剧性的故事远比一堆精心设计的枯燥分析更能有力地左右公众的意见。在美国，这一结果已经既对业内也对世俗的观点造成了翻天覆地的改变。

就我看来，这种转变在美国要远大于在英国。因此，在英国演讲时，我有一种感觉，我相信你们都曾有过这样的感觉，就像是在观看一部连续的电影，当观看到某个点时你们会跳出来说："啊，这就是我们现在所处的境地。"英国关于货币政策效果的争论正在经历着美国大约5年前同样的过程。我确信在20世纪30年代发生过类似情况。当英国的经济学家们已经迈向比他们的美国同行更远的海岸，给更落后的美国经济学家带来了凯恩斯主义的精神时，美国经济学家一定觉得那就是他们现在的处境。我确定英国的经济学家们一定遭遇了像5年前他们在英国遭遇的同样反对。今天的情况是类似的。目前在英国对货币主义学说的批判正如我们5年前在美国所遭遇到的一样，还处于原始不成熟的阶段。

由于英国有一群非常有能力且活跃的经济学家目前正在研究货币数量理论，而且可能更多的是研究这一系列事件带来的影响，所以我怀疑这些理论在英国的发展将会经历跟美国一样的过程。这不仅发生在这一领域，其他领域也同样如此。我曾经有这样的经历，一开始处于一个少数人的小群体，并且有机会观察到当一个思想获得广泛认可时呈现的场景。它遵循一个标准化的模式。当有人威胁到一个思想的正统地位时，人们最开始的反应是忽视他，对他谈论越少越好。但是当他开始有听众并且变得令人讨厌时，人们的反应是嘲笑他、愚弄他，认为他是一个极端主义者、一个有着愚蠢想法的傻瓜。这个阶段过后，进入另一个阶段，且这个阶段是最重要的，即给他披上外衣。你自己接受了他的观点，然后把他描述成一个拥有这些观点的人物形象，并说："他是一个极端主义者，是那些认为只有货币重要的人之一，而货币重要这一点每个人都知道。货币当然很重要，但是……"

4. 货币主义的重要主张

最后，让我通过系统性地罗列货币主义的核心主张来勾勒一下芝加哥学派已经达到的状态。

(1) 在货币量增长率和名义收入增长率之间存在着一种尽管不太精确但很持久的关系。(名义收入在这里指的是以英镑、美元或者法郎计价的收入，与以实际商品计价的实际收入相对。）具体来说，货币量每年增长3%、5%还是10%，对名义收入的增长速度有显著影响。如果货币数量增长迅猛，那么名义收入也将迅速增长，反之亦然。

（2）上述关系对常人来说并不明显，这主要是因为货币增长对收入的影响有一个滞后期，且这个滞后期本身是可变的。今天的货币增长率与收入增长率缺乏紧密的联系。今天的收入增长依赖于过去发生的货币量变化。今天发生的货币量变化会影响将来的收入。

（3）平均来说，货币增长率的变化会在6～9个月之后导致名义收入增长率的变化。这只是平均来说，并不意味着对每一个个案都是6～9个月。有时滞后期会更长，有时会更短。但是，对于在各种不同条件下，滞后期总是落在6～9个月这个平均范围，我感到震惊。我研究了日本、印度、以色列和美国的数据。我的一些学生研究了加拿大和一些南美国家的数据。不管是其中哪个国家，平均的滞后期一般都是6～9个月。滞后期出现有多明显，取决于货币数量的波动程度。日本央行的数据尤为有价值，因为在1948—1963年的15年里，它非常负责地收集了货币数量的变动率在此期间的大幅波动。因此，在确定货币数量达到顶端和底部的日期上，不存在任何模棱两可的地方。对于科学研究来说不幸的是，在1963年，日本央行发现了货币主义并自此开始以稳定的速度增加货币数量。因此，我们现在不再能从日本的经验中得到更多的信息。

（4）名义收入的变化率通常首先表现在产出上，很少表现在价格上。如果货币量增长率降低了，那么6～9个月后名义收入增长率和产出增长率也将下降。然而，价格增长率几乎不受影响。价格仅仅在实际产出和潜在产出之间出现差距时才会受到向下的压力。

（5）平均来说，对价格的影响发生在对收入和产出产生效应之后6～9个月。因此，货币增长的变化对通货膨胀率的影响的平均总滞后期是12～18个月。这就是为什么一旦通货膨胀开始了，需要用很长的时间才能得到抑制。通货膨胀情况的改善不是一夜之间能做到的。

（6）即使允许货币量增长有很长的滞后效应，它与经济之间的关系也远远不是完美的。在货币量变化和收入变化之间存在很多干扰因素。

（7）在5～10年的短期时间内，货币量的变化主要影响的是产出。然而经过几十年后，货币政策主要影响的是价格。而影响产出的是实际因素，比如：人们的进取心、创造力、勤劳、节俭程度、政府和产业结构、各国关系等等。

（8）从以上所述的观点可以得到结论：通货膨胀无论在何时何处都是一种货币现象，造成通货膨胀的原因是货币量的增速快于产出的增速。但是，货币增长可能有很多不同的原因，包括金矿的发现、为政府支出和个人支出提供资金。

（9）政府支出可能是也可能不是通货膨胀性的。如果政府支出是通过创造货币来提供资金，比如印制货币或者创造银行存款，则很明显是通货膨胀性的。如果政府支出是通过增加税收或者向公众借款来提供资金，则主要的效果仅仅是政府替代纳税人，或者替代给政府借款的人或者替代那些本可借到目前提供给政府的资金的人来花钱而已。财政政策仅仅对决定政府支出哪一部分总收入以及由谁来承担这部分政府支出的负担有极其重要的作用。财政政策本身对通货膨胀没有重要作用。（这是关于我前文讨论的财政政策和货币政策的主张。）

（10）用简单的方式来解释货币量变化如何影响收入水平是最困难的事情之一。货币量变化的最初效应不是在收入上，而是对现存的资产、债券、股票、房子和其他实物资本的价格的影响上。凯恩斯所说的这种流动性效应是对资产负债表的影响，而不是对收入账户的影响。不管是通过公开市场操作还是其他方式来提高货币增长率，都会使得企业和个人口袋中的现金数量相对于其他资产的数量有所增加。持有过多现金的人就会通过购买其他资产来调整其资产组合。然而，一部分人的支出就是另一部分人的收入。这些交易并不能改变全社会持有的现金总量，只有货币当局才能改变现金总量。但是，在人们试图改变他们的现金余额时，这种影响会从一种资产蔓延到另一种资产上。这将提高资产价格并降低利率，同时也会鼓励人们创造新的资产，消费更多当前服务而不是购买更多现存的资产。这就是对资产负债表的最初影响是如何转化为对收入和支出的影响的。货币主义和凯恩斯主义在这方面的差异不是体现在这个过程的性质上，而是体现在所考虑的资产范围上。凯恩斯主义考虑的仅仅是一个较小范围的可买卖资产以及必须考虑的利率。货币主义坚持考虑更大范围的资产和利率。他们认为诸如耐用品，甚至半耐用品、建筑物和其他不动产都是很重要的。因此，他们认为凯恩斯主义者所强调的市场利率只是一系列有关利率中的小部分。

(11) 货币主义机制的一个重要特征是货币增长一开始从一个方向影响利率，然后又使利率朝相反方向变化。一开始货币增长越快越容易导致利率降低。但是，后来因为货币增长导致支出增加、物价上涨，且贷款需求增加，这更容易使得利率上升。此外，价格上涨会造成实际利率和名义利率不相符。这解释了为什么在世界范围内，利率最高的是货币量增加和价格上涨最快的国家，比如巴西、智利和韩国。反过来说，货币增长变慢首先会提高利率，然后会降低政府支出、抑制通货膨胀并降低利率。这就是为什么在世界范围内，利率最低的是那些货币增加最慢的国家，比如瑞士和德国。货币增量对利率这柄双刃剑的作用解释了为什么货币主义主张利率作为货币政策指标是非常有误导性的。这也是货币主义学说对美国政策有重大影响的一个方面。1970 年 1 月，美联储从主要依赖于将“货币市场条件”（即利率）作为货币政策标准转向了“货币总量”（即货币数量）。货币和资产收益率（利率以及股市中的市盈率）之间的联系甚至比货币和名义收入的相关度还要低。很明显，货币增长率之外的一些因素起到了极其重要的作用。尽管我们不知道这些因素具体是什么，但是我们知道利率和股票价格的很多变化不能归因于货币数量的变化。

5. 总结性的警告

货币主义的以上主张揭示了货币政策的重要性，以及货币政策的重要特征是它对货币数量的影响而不是对银行信用、总信用或者利率产生的影响。这也意味着，货币数量变化过大会让经济不稳定，因此应该避免。除此之外，我们还可以得到一些不同的启示。

有些货币主义者认为，只要货币当局认识到货币政策的作用是缓慢的并且需要一定的时间才能产生效果，货币当局就可以通过有意改变货币增长率来抵消其他因素造成的经济波动。他们支持将货币数量的变化作为政策工具进行微调。包括我自己在内的其他货币主义者认为，基于我们目前的理解，货币、价格和产出之间的关系是如此脆弱，因而这种关系有很大的不确定性，且这种相机抉择的变化弊大于利。我相信将货币数量月复一月、年复一年地保持在稳定增速上的自主性政策，才能既为经济增长提供稳定的货币政策框架，也避免政策本身成为一种不稳定性和干扰的来源。

对货币主义者立场的一个普遍误解，就是认为我们对于保持一个稳定的货币量增速的信念是来源于相信货币变化和经济增长之间存在刚性关系。事实正好相反。假如我真的认为货币和收入之间存在着精确、刚性且机械的关系，且我认为我知道这种关系的具体形式，或者更大胆地假设中央银行愿意跟我分享所有关于这种关系的信息，那么我认为我们应该运用我们所知道的知识来抵消其他因素造成的经济不稳定性。然而，我不相信这些“假如”是成立的。一般来说，货币数量和国民收入后续变化之间存在紧密的关系。但是经济政策要应对的是不同的个案，而不是平均情况。在任何个案中，都存在着大量的偏差。因为这种关系是松散的、不精确的，而不是存在一个货币变化和收入变化一一对应的精确关系，所以我一直支持半自主的货币政策。在半自主的货币政策下，货币数量的增速月复一月地保持在每年4％～5％的水平上。（满足这种要求的货币增速因国家不同而不同，它取决于产出和货币持有倾向的趋势。）

有大量证据证明，过去货币当局曾尝试做到更好。尝试的结果非常清晰。到目前为止，货币当局所做的尝试起到的坏作用远多于好作用。货币当局的行为已经成为一种重要的不稳定性的来源。正如我已经指出的那样，美国货币当局应该为1929—1933年的灾难负责。它们同样要为近来发生在美国的通货膨胀加剧负责。这就是我一直以来强烈反对相机抉择的货币政策的原因，我的态度至少还要保持一段时间，直到相对于我提出的稳定货币增长法则，有其他货币政策法则被证明能更充分地限制相机抉择的货币政策。这就是为什么我要强调给货币政策赋予过多权重的危险性。正如凯恩斯的信徒比凯恩斯自己走得更远一样，我担心那些用货币总量做了一些好的预测的人们会试图夸大货币政策的作用。在三年前，我写道：

我们处在赋予货币政策比它能承担的更大责任

的危险中，我们处在让货币政策完成它所不能完成的任务的危险中，因此我们处在阻止货币政策做出它力所能及的贡献的危险中。[3]

将货币增长率稳定在一个适度水平上，可以为一个国家保持低通胀高增长提供一个政策环境。这不会产生完美的经济稳定性，也不会在地球上建成天堂，但是会为构建稳定的经济社会做出重要的贡献。

注　释

[1] 我选择这个题目是因为，大约十几年前，我在伦敦经济学院做一个小演讲时也使用了相同的题目。那时，我是在进行预测。现在，我是在汇报。

[2] Macmillan, 1923.

[3] Milton Friedman, "The Role of Monetary Policy", Presidential Address to the American Economic Association, 29 December 1967; *American Economic Review*, March 1968 (reprinted in *The Optimum Quantity of Money and Other Essays*, Aldine, Chicago, 1969, pp. 95 – 110 – quotation from p. 99).

二、货币调整*

1. 概　要

关于如何结束通货膨胀并不存在技术上的问题（第二部分）。真正的障碍是政治上的而非技术上的。

结束通货膨胀将剥夺政府目前在没有立法的情况下所获取的政府收益（第三部分）。要取代这个收益，政府必须减少支出，提高显性税收或者从公众那里借用更多的钱——所有这些在政治上都没有吸引力。我不知道如何避开这个障碍。

结束通货膨胀的政治障碍

结束通货膨胀也可能会产生一个短期的经济衰退或

* 本章最初发表于 IEA Occasional Paper No. 41（1974）。

经济放缓时期并导致相当高的失业率，尽管这个短期也许延续时间稍长。今天的政治意愿不会接受这种结束通胀带来的副作用。经验显示，这样反而会导致过度反应，包括政府支出和货币增长加速，而这反过来又会产生初始的那种副作用，即不可持续的繁荣，随后是通胀加速。通货膨胀率变化的这些副作用是由于社会需要时间来自我调整以适应支出增长率的变化。时间延迟扭曲了相关价格、生产结构以及就业水平。反过来，纠正这些扭曲需要时间（第四部分）。

通过鼓励在私人和政府合同中广泛使用价格自动调整条款，可以大大降低通货膨胀率变化的副作用。这些安排包括故意回避使用货币的某些好处，因此这种安排本身并不好。它们仅比货币管理不善少了一些弊端。价格自动调整条款的广泛使用本身并不会提高或降低通货膨胀率。但它将减少政府从通货膨胀中获取的收入——这也意味着政府实施通胀的动机将会下降。更重要的是，这将减少最初采取有效措施来结束通货膨胀对产出和就业造成的不利的副作用（第五部分）。

法律执行

在政府合同中自动调整条款的使用——税收、借贷、雇佣、采购——应当是由法律规定的。它们在私人合同中的使用应当是自愿的，且被法律承认的。这两者是相关的，因为政府采用的自动调整条款，尤其在税收方面，会消除私人采用该条款存在的一些严重障碍（第六部分）。

对广泛调整的异议主要反映了关于其效果的误解。这些误解反映了人们对相对价格与绝对价格之间的混淆，而这种混淆造成了加速通货膨胀或通货紧缩的许多不利影响，也导致对通货膨胀的原因和对策产生误解（第七部分）。

2. 通货膨胀的技术原因及对策

特定价格和一般价格的短期变动可能有很多源头。但长期持续的通货膨胀时时处处都是一种货币现象，其源于货币量比总产出扩张更快[1]——尽管确切的通货膨胀率并不一定准确地或机械地与货币增长率挂钩。（图 1 绘制了英国在过去 10 年间的消费者价格以及货币供给分别与产出的比率。）

这个表述仅仅是理解任何一个通货膨胀的原因的第一步。要完善这一表述就必须对货币量快速增长的原因作出解释。1848—1860 年间，因加利福尼亚州的黄金大发现，美国货币的快速增长导致了通货膨胀。1890—

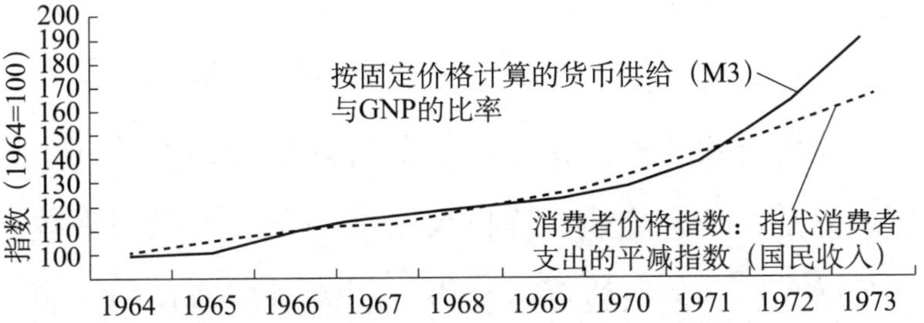

图 1　货币供给与消费者价格：英国（1964—1973 年）

说明：这里年平均货币供给比 GNP 延后大致 6 个月（GNP 为日历年，而平均货币供给在 6 月结束）。

1914 年间，由于从低品质矿石中提取黄金的氰化工艺的完善，货币快速增长并导致了世界范围内的通货膨胀。战争时期，由于印刷机的使用，或者说是印刷机的使用为战时政府支出提供资金，货币的快速增长一次又一次地引发通货膨胀。

货币供给在世界范围内增加的原因

在当前条件下，货币量由政府货币当局决定。过去十年，世界范围内货币量加速增长，导致了通货膨胀的加速，原因如下：

（1）保持固定汇率的尝试，导致一些国家，尤其是德国、日本，从美国“进口”通货膨胀。

（2）政府作用的扩大，以及对于将税收透明化的不情愿，导致许多政府征收了隐性的通货膨胀税。

（3）政府对充分就业政策的承诺，导致它们对短暂衰退反应过度，并采取措施导致货币快速增长。

长期持续的通货膨胀仅能通过降低货币增长率来结束。但是，再次陈述，这仅仅是第一步。可以用来减缓货币增长速度的措施可能会因为引发过度增长的来源及国家机构不同而有所不同。例如，如果货币增长反映的是印刷机对政府支出的融资，那么可以通过以下三种方式结束通胀：(a) 减少政府支出；(b) 提高税收；(c) 政府通过向公众借贷而不是发行货币来为赤字融资。但对于一个没有发达的证券市场的国家来说，方法 (c) 可能行不通。所有的高通货膨胀已经反映出政府是如此的无力且无序以致不能使用方法 (b)。

财政政策的重要性和局限性

正如这些评论所暗示的，财政政策可能在产生和解决通货膨胀方面扮演重要角色。其影响最初是源于它对货币量方面的影响。但其影响也可能被其他影响货币量的力量所抵消。1919 年和 1920 年，美国政府的巨额盈余并没有阻止快速的通货膨胀，因为它们伴随着由于为私人支出提供资金而引发的快速的货币增长。1931—1933 年，美国政府的巨额赤字也没有引发快速的通货膨胀或者阻止严重的通货紧缩，因为伴随着货币量的迅速下跌，私人开支急剧减少。

对通货膨胀来说，重要的并不是简单的货币增长率，而是同产出增长率相关的货币增长率。更复杂的说法是，与价格恒定水平（或变化率）下的实际货币余额需求增长率相关的增长率。这种关系使得许多评论者强调了生产力的作用，认为通货膨胀反映了生产力（或其增长率）的下降，而解决方法在于提高生产力（或其增长率）。尽管原则上，产出增长的作用严格对称于货币增长的作用，但它们的重要性是完全不同的。对于任何一个国家来说，在超过几年的任一时期内，产出增长率的变动不可能超过几个百分点——这将需要进行一次重大的结构调整。例如，将美国的产出增长率提升 2%，即从 3%～4%提升到 5%～6%。[2]另一方面，货币量增长率能够也确实在一个比较大的范围内变动——它能够轻易从每年 3%或 4%上升到每年 20%。因此从经验上来讲，长期持续的通货膨胀主要是由货币量变动而非产出变动所决定。

在这部分，这个简单命题的重要性在于，除非这些措施能够影响长期货币增长率，否则任何措施都不可能产生长期持续性通货膨胀，或者解决长期持续性通货膨胀问题。

3. 政府从通货膨胀中获益

自古以来，通货膨胀的主要源头就是君主为发动战争、建造纪念碑或出于其他目的而获取资源。通货膨胀对主权国家有着不可抗拒的吸引力，因为它是一种隐藏的税收，开始时似乎是无痛的，甚至令人愉悦的，最重要的是，它是一个无须特别立法就能够征收的税收。事实上，这是一个隐性税收。

政府从通货膨胀中获益的三种方式

通货膨胀带来的收益主要有以下三个方式：

（1）政府额外印制的法定货币。自古以来，君主就通过用一些基础金属来取代金或银，以降低铸币成色。[3]之后，纸币代替了辅币。最近，中央银行还增加了账面记录（被误称为存款）。政府使用发行的法定货币来为支出融资或者偿还债务。此外，法定货币也成为银行系统以银行存款的形式派生存款的基础。

在 1973 年，美国政府利用派生存款收获了 80 亿美元（33 亿英镑）——截至 1973 年 12 月 31 日，相比 1972 年 12 月 31 日，流通中的法币和辅币增加了 60 亿美元（25 亿英镑），联邦储备系统的派生存款超过 20 亿美元（8.3 亿英镑）。[4]

（2）通货膨胀通过将个人和公司推到更高的收入群体来提高个人和公司所得税的税率，这产生了虚假的资本收入，而他们又必须支付这些资本所得税，并提供不足以取代资本的折旧补贴，因此通货膨胀对股票持有者来说就像是资本所得税。仅就公司税而言，美国政府在 1973 年就已经从这一来源获得了近 130 亿美元（54.2 亿英镑）。[5]

（3）实际未偿还国债数量的减少。国债很多是以收益率的形式发行的，且未考虑当前通货膨胀率。保守估计，美国在 1973 年因国债获得了大致 50 亿美元（20 亿英镑）收入。[6]

综上所述，1973 年，美国政府的通货膨胀总收益超过 250 亿美元（100 亿英镑）。结束通货膨胀将意味着切断这一收入来源。政府将不得不减少支出，增加显性税收，或者以任何出清市场的利率向公众借入额外资金。而这些措施在政治上毫无吸引力。

4. 对产出与就业的副作用

急性阑尾炎往往伴随有高烧。切除阑尾需要病人卧床几天。但发烧不是阑尾炎的病因，卧床休息也并不能治愈该病，两者都是阑尾炎的副作用。

与通货膨胀类比，两者惊人相似。伴随通货膨胀加速的繁荣并不是通货膨胀的原因，而是通货膨胀的一种副作用；伴随通货膨胀减缓的衰退和失业也不是治愈方案，也只是一种副作用。有许多方法可以导致失业率上升，这将加剧通货膨胀，而不是解决通货膨胀。

时滞导致的副作用

较高的通货膨胀反映了货币总支出增长率的加速。结束通货膨胀需要降低总支出增长率。总支出的这种变化产生的副作用，包括通常被认为是理想副作用的繁荣和不理想副作用的衰退，其产生的原因是上升或下降的货币总支出增长率与产出和价格随之进行的全面调整两者之间的时间延迟。

基本上，不论是何种原因导致总支出增长率的变化，同样的副作用都会出现——正如高烧总是配合各种不同的疾病，卧床休息总是配合各种治疗方案。当非货币力量导致总支出增长率产生短暂波动时，同样的副作用也会发生。此外，如果造成长期持续性通货膨胀的原因不是货币增长过快而是其他原因，或者解决办法不是减慢货币增长而是其他方案，那么这些原因和解决方案将主要通过影响总货币支出的增长率来发挥作用，因此将产生同样的副作用。同样地，无论是何种原因和解决方案，随后提出的减少结束通胀所产生的不良副作用的措施都是有效的。

因此这篇论文剩余部分是有意义的，即使你不接受我第二部分所表达的货币主义观点。

预期变动减缓

当总支出减缓时，每个厂商都倾向于认为对于他产品需求的减少是特殊情况，并希望这是暂时的。最初，厂商倾向于通过减少产出或者积累库存来应对，而不是通过降低价格来应对。在一段时间之后，他才会逐渐开始降低价格。同样地，他的工厂内被解雇的工人可能会等待重新被召回或者去其他地方寻找工作，而不是调整自己的工资需求或期望。因此，总支出的放缓最初往往反映在产出和就业的普遍减少以及库存的增加上。这些反应需要一段时间才会导致通货膨胀率和工资增长率的大幅度降低。而对通胀的预期将需要更长的时间来修正，而且修正后的预期将鼓励就业和产出的恢复。

这是一个高度简化的画面。不同的活动有不同的调整速度。一些价格、工资和生产计划提前被固定；其他则可以迅速调整。因此，总支出的减缓会导致相对价格发生实质性的变化，而这些变化迟早会被修正：进而，这些修正将导致经济动荡。

对美国来说，货币史[7]的研究表明，在货币增长率的变动与总支出和总产出增长率的相应变动两者之间的时滞平均为 6～9 个月；而支出增长率变化与价格增长率变化之间的时滞为 12～18 个月。因此，货币增长率与通货膨胀率变动之间的总时滞大致为 2 年。[8]对英国来说，可得资料显示，这个时滞与美国大致相同。

贷款方面的严重影响

对于贷款而言，时滞和由此产生的扭曲尤为明显，其中，名义贷款和实际贷款之间的区别尤为重要。假设你借给某人 100 英镑，他承诺一年后偿还 110 英镑。忽略违约的可能性。你收到的利率是多少？以英镑计价，为 10%。但如果价格在一年内已经上涨了 10%呢，这 110 英镑与之前的 100 英镑购买力相同。你的实际收益为 0。事实上，如果像现在一样，你的 10 英镑的名义收入还需要缴纳所得税，那么你的实际收入为负值。相较开始，你现在收入更少。

如果你在几年前进行抵押贷款，你可能已经支付 5%～6%的利率。鉴于过去几年的通货膨胀，你的实际利率可能为 0。物价上涨可能使得你的房产价值上涨，甚至超过你支付的利息。反过来，放贷人收到了一份实际为零的回报——或者，如果考虑税收因素，他的回报甚至为负值。同样地，考虑今天以 11％或更高的抵押贷款利率借款的人。假设经济政策成功地将通货膨胀压低至 0。他将面临严重的困难（当然，除非利率降低），而放贷人将收到一笔完全未曾预期的收益。

政治意愿的失败

我认为，鉴于以下几点，这些副作用构成了结束通货膨胀最重要的政治障碍：第一，由美国、英国及其他主要国家政府做出的充分就业的承诺；第二，公众普遍未能认识到结束通货膨胀将导致的暂时副作用；第三，政治领导人没有意愿或者没有能力说服公众接受这些副作用。

几年前，当通胀水平远低于现在时，我认为只需要足够温和短暂的调整，在政治上就是可行的。但不幸的是，1971 年 8 月 15 日，尼克松总统实行将价格与工资挂钩的政策，并鼓励扩张性货币和财政政策。那时，我们在结束通货膨胀的这条路上进展顺利，没有出现严重的副作用。以 1970 年轻微的经济衰退为代价，年通货膨胀率从 6％以上降至 4.5％，并继续下降。经济慢慢从衰退中复苏。如果国家有意愿支持尼克松总统，那么当他改变政策时，就反映出一个广泛的国家共识——如果将货币管制和缓慢扩张的货币政策再坚持一年，局面很可能会得以扭转。事实上，1970 年的经济衰退是自讨苦吃，而非一个成功的解决方案的副作用。

当前（1974 年中期），美国的通货膨胀远比 1971 年 8 月要严重。1974 年第一季度，14％的通货膨胀率无疑是一个短暂的泡沫，但是当时甚至最乐观的观点都认为，在未来一年，通货膨胀率也不可能低于 6％。从这一水平开始，在通胀预期更加根深蒂固的情况下，一个有效的结束通胀的政策将导致一次比我们在 1970 年经历的更严重、更持久的衰退。在不改变政策和不重新刺激通胀的情况下，还未出现接受这种衰退的政治意愿。

下一步该如何？如果我们、英国和其他面临类似情况的国家什么也不做，那么我们将遭受更高的通货膨胀率，这种通胀不是持续性的，而是在我们对暂时的经济衰退反应过度的时候爆发的。公众迟早会厌倦并要求政府采取有效的行动，然后我们将面临真正严重的衰退。

5. 减弱副作用

我们怎样才能使得尽快结束通货膨胀在政治上可行

呢？依我看，只有采取措施减少结束通胀的副作用，才能更快地结束通胀。这些副作用从根本上反映了未预期的通货膨胀或通货紧缩导致的相对价格的扭曲，以及由于对通货膨胀的错误理解而按名义价格订立合同造成的扭曲。

自动调整条款：一个说明

减少这些副作用的方式是用实际变量而非名义变量签订合同。这可以通过广泛使用自动调整条款来实现。

我来举例说明一下，1967 年，通用汽车公司和美国汽车工人协会达成一个为期三年的工资协议。当时，物价相对平稳，消费者价格在前三年平均每年上涨 2.5%。这个协议大概是基于通用公司和工会的预期，即价格将每年持续上涨 2.5%，甚至更少。但这个期望并没有实现。1967—1970 年，物价平均每年增长 5.2%。结果，通用汽车公司支付的实际工资越来越低于双方预期的水平。实际工资的意外下降对通用汽车公司来说是个刺激，这无疑导致通用汽车公司的生产速度高于其他公司。最初，实际工资的意外下降并没有引起工人的重视，因为他们花了一段时间才意识到消费者价格的加速上涨并不是一个短暂现象。直到 1970 年，他们才确实意识到，他们的实际工资已经低于他们的期望。

其结果就是 1970 年底发生罢工，而一项工资协议解决了这个问题，协议规定：(1) 工资在第一年大幅提高；(2) 工资在接下来两年少幅增长；(3) 生活成本的自动调整条款。

这个协议被广泛地认为是通货膨胀性的。但实际上并不是这样。第一年工资大幅增长仅仅弥补了过去未预期的通货膨胀的影响。它使实际工资恢复至双方都能接受的水平。自动调整条款旨在防止未来出现类似的情形，它也确实起到了这样的作用。

通用汽车公司的例子说明了未预期的通货膨胀的影响。假设同样的合同在 1967 年签署，但通货膨胀率并非加速，而是从 2.5％降低为 0。届时，实际工资将高于双方预期的水平。通用汽车公司将被迫减少产出和就业；工人欢迎出乎意料的高实际工资率，但会对低就业率感到遗憾。当合同到期时，工会而不是通用汽车公司将会处于弱势谈判地位。

一个自动调整条款既能向上发挥作用，又能向下发挥作用，它既可以防止未预期的通货膨胀的实际副作用，又可以防止未预期的通货紧缩的假想副作用。它将使得雇主和雇员能够就自己行业的情况进行讨价还价，而不必再去猜测价格总体上会如何变化，因为通用汽车公司与工会双方都能够从迅速上升的通货膨胀或逐渐减速的通货膨胀中得到保护。

尽管这些条款是有用的，但并不是万能的。它不可能覆盖所有的合同（例如，考虑纸币），而且覆盖这些合同的成本很高。使用货币的一个强有力优势是能够以低成本和高效率进行交易，而普遍的自动调整条款则降低了这个优势。最好是没有通货膨胀也没有自动调整条款，但目前还未出现这种替代方案。

自动调整条款的起源："物价指数本位制"

这里我要说明，自动调整条款的广泛使用并不是新的或未经实践的想法。它至少可以追溯至1707年，一位剑桥大学老师威廉·弗利特伍德（William Fleetwood）为了计算大学老师能够接受的兼职收入的可比限制，评估了过去600年间的价格变动。1807年，一位英国作家约翰·惠特利（John Wheatley）提出了这一建议。而在1886年，伟大的英国经济学家阿尔弗雷德·马歇尔(Alfred Marshall)[9]清晰地说明并热情地推广了这一方法。美国伟大的经济学家欧文·费雪不仅支持"物价指数本位制"——因为广泛的指数化的提议在将近两个世纪前就被贴上了标签——而且早在1925年，他就说服一家他曾帮助建立的制造公司发行了一种购买力债券。对"物价指数本位制"的兴趣是解释价格指数发展的主要因素。最近，“物价指数本位制”被巴西应用在更大的范围内，这比我建议在美国应用的范围更大。当然，它也被加拿大、以色列以及许多其他国家小规模地应用。[10]

6. 具体的建议

对于美国，我具体的建议分为两部分，一是对联邦政府，二是对其他的经济体。对联邦政府来说，我建议对自动调整条款进行立法；对其他经济体来说，它们应该自愿选择是否采用自动调整条款，但应消除一切法律障碍。在这些自动调整条款中，关于应该使用哪一个指数这一问题是很重要的，但不是最关键的。正如阿尔弗雷德·马歇尔在 1886 年所说，“购买力完美精确的措施不仅是做不到的，也是不可想象的。”对美国来说，为简便起见，我将使用由美国劳动统计局计算的生活成本指数。

(a) 政府[11]

美国政府已经对社会保障金、联邦雇员的退休福利、许多政府雇员的工资及其他一些项目采取了价格调整措施，以价格或其他价值基础的固定百分比表示的税收将自动增加。关键的附加要求是个人所得税和企业所得税以及政府债券中的自动调整条款。

个人所得税。除小细节外，还需要进行四次修订：

(i) 个人免税额、标准扣除额及低收入津贴不应表示为给定的美元数，而应表示为给定的美元数乘以有关年度的价格指数与“指数化”开始的基准年的指数之比。例如，如果第一年的价格上涨了 10%，那么现在的价格应该乘以 110/100 或者 1.10。

(ii) 税率表应该进行类似的调整，因此在上述给定的例子中，0～500 美元将变为 0～550 美元，以此类推。(加拿大已采取这两项措施。)

(iii) 资本收益计算基数应该乘以销售年份的价格指数与购买年份的价格指数的比值。这将防止对不存在的纯纸面资本收益征税。

(iv) 与资本收益计算基数相同，固定资本资产折旧的基准应该用同样的方式进行调整。

公司税。[12]

(i) 现行的 25 000 美元（10 400 英镑）是正常税收与附加税收之间的分界线，应该将其替换为该金额乘以价格指数。

(ii) 应当调整销售中使用的存货成本，以消除初始购买与最终销售之间的价格变动产生的账面利润（或损失）。

计算（iii）资本收益与（iv）固定资本资产折旧的基础应采取与私人税收同样的调整方法。

政府债券。[12]除短期的票据和债券外，所有政府有价债券应该以购买力的方式发行。（举例来说，序列 E 债券应该承诺赎回价值等于票面价值，按照每年 3%和赎回年价格指数与购买年价格指数之比的乘积计算。）息票债券应该支持息票以票面金额乘以相关价格比率赎回，且到期价值等于票面金额乘以相关价格比率。

税收及借贷的这些变动将降低政府诉诸通货膨胀的动机，且减少通货膨胀率变化对私营经济的副作用。但它们也被伦理、正义和代表政府的基本原则所要求，这也是我建议让它们恒久不变的原因。

税收通货膨胀至创纪录水平。主要由美国、英国和其他国家政府引发的通货膨胀，导致尽管几次降低税率，今天的个人所得税水平却远高于二战期间的税收巅峰时期。实际条款中的私人免税额则处于历史记录的最低水平。在不同经济环境中，对个人征收的税款与明确规定对他们征收的税款大不相同。政府一直处于令人羡慕的位置——在征收高税收的同时看起来似乎却正在减少税收。而不那么令人羡慕的结果是对于较高税收的完全任意分配。

关于政府借贷，美国和英国国债的储蓄国债活动一直是有史以来最大的投机活动。[13]这不是最近才有的。作为回答美国国会联合经济委员会的调查问卷，我早在1951年就写道：

> 我强烈支持购买力债券的发行是基于两个依据：(a)它将为中低收入群体提供一种方法，保护他们的资本免受通货膨胀的吞噬。当前中低收入群体几乎没有有效的方法实现这一目的。在我看来，这些方法应该是公平且被社会所需要的。(b)它将允许财政部在不用进行广告宣传和推销的情况下出售债券，而这些广告和宣传至好是高度误导的，至坏则是近乎不道德的。财政部催促人们购买债券来作为他们未来保障的一种方式。鉴于过去这些债券购买者已经有过其购买力被物价上涨所吞噬的购买经历，这种隐含的承诺还可信吗？如果可信，那么加入购买力保证而使得许诺更加明确并不需要什么成本。如果不可信，那么在我看来，一个公共机构故意误导公众就是不可容忍的。

当然，自从这段话被发表以来，近四分之一个世纪的经验确实强化了它们的针对性。本质上，在这段时间内，每一个储蓄债券或几乎任何其他长期国债的购买者都为向政府提供贷款这一特权付出了代价：购买者所获得的假定利息并不能弥补本金购买力的下降，但他必须为纸面利息纳税，使得损失进一步增加。修剪无辜羔羊的通货膨胀正是由得益于剪羊毛的政府造成的。

对我来说，这是一个谜——一个令人沮丧的关于商人（我说的是商人而非商业）的社会责任感的评论——年复一年，杰出而令人尊敬的商业领袖们正联合起来成为这个投机中心的帮凶，他们帮助推销美国储蓄国债或者为购买这些国债的员工提供工资扣款的便利。

(b) 私营经济

如果政府负责任地管理资金，那么私人使用自动调整条款只是一个权宜之计。因此，我支持私人自愿地使用自动调整条款，以便在这一幸福事件到来时促进其自我毁灭。

现在普遍应用的自动调整条款在私人采用方面并没有相关立法。有超过 500 万的美国工人[14]签署了带有自动调整条款的工会合同。这里也有许多非工会工人与雇主达成隐含或明确包含这一条款的合同。许多未来交付产品的合同中都包含根据成本的具体变化或者一般价格的变化来调整最终销售价格的条款。许多商业场所的租赁合同以总收入或净收入的百分比表示，这意味着合同中隐含着自动调整条款。这同样适用于支付使用费百分比的特许权使用费和支付修理损失费用的汽车保险单。一些保险公司出立火灾保险单，其保额根据通货膨胀自动调整。毫无疑问，还有很多我不知道的例子。

将自动调整条款纳入更广泛的工资协议、未来产品交付合同以及涉及借贷的金融交易中是非常令人期待的。前两个是当前现有实例的简单直接推广，而第三个则更加新奇。

公司贷款的指数化。对政府借贷建议的安排同样适用于私营企业的长期借贷。XYZ 公司可以发行承诺每年支付的利率为 3%加上当年的通货膨胀率并在 5 年后偿还 1 000 英镑的债券，而不是发行承诺每年支付 9%的利率和 5 年后偿还 1 000 英镑的债券。或者该公司发行债券时还可以承诺每年支付 3%乘以该年价格指数与发行证券当年的价格指数之比，并在 5 年后偿还 1 000 英镑乘以第 5 年相应的价格比率。（备选方案由表 1 说明。）如果有通货膨胀，第一种方法涉及在 5 年间分期偿还债券部分的实际值；第二种方法目前仅以恒定实际利率支付利息，并在 5 年期结束时以实际价值偿还全部本金。

表 1　假设指数债券：1968 年以实际利率 3%发行的 1 000 英镑 5 年期债券

年份	英国消费者价格指数（1968=100）	价格水平百分比变动（%）	每年的支付	
			方法一（利息，英镑）	方法二（利息，英镑）
1968	100			
1969	105.2	5.2	82	31.56
1970	112.0	6.5	95	33.60
1971	122.6	9.5	125	36.78
1972	131.0	6.8	98	39.6
1973	142.0	8.4	114	42.6
			本金	
			1 000	1 420

到目前为止，私人借贷者很少有动机发行这样的债券。从调整通货膨胀预期到通货膨胀实际加速之间的延迟意味着长期债券的实际利率极低。在过去十年，几乎所有公司发行的债券都格外得好——通货膨胀率超过它们必须支付的利率，使得实际成本为负值。

贷方变动的期望。三个因素能够改变这种情况：

（1）迄今为止，一直是输家的放贷人对通胀的预期越来越准确，借款人将不得不支付足够高的利率来补偿实际通胀。

（2）政府的购买力债券是如此有吸引力，竞争压力使得私人公司不得不做同样的事情。

（3）同（2）相关，如果政府真的有可能采取有效的政策来遏制通货膨胀，那么借贷将不再是一条单行道。公司将担忧它们可能陷入高利率贷款。然后，它们可能更加致力于保护自己免受通货膨胀的影响。

商人对无保证的恐惧。当我和企业高管讨论这个可能性时，总是被提出的一个问题是："对我们来说，做出一个开放式承诺是否风险太大？对于固定名义利率，我们至少知道我们的义务是什么。"这是一个来自商业人士的自然问题，他们通常认为价格水平基本稳定是理所当然的。但在一个通货膨胀率不断变化的世界里，固定利率协议是更具风险的。再次引用阿尔弗雷德·马歇尔的话：

> 一旦物价指数本位制变得平常，除了赌徒以外，没有人会因为任何条件，在任何情况下长期借贷。

大多数企业的货币收入随通货膨胀率而变动。如果通货膨胀率很高，那么它们的货币收入也将很高，它们可以支付升高的利率。如果通货膨胀率很低，那么它们的收入也会很低，它们会发现支付经过通货膨胀调整的低利率比支付固定的高利率更容易；同样，在赎回时也是如此。

关键点在于资产和负债之间的关系。当前，对许多公司来说，包括商誉在内的资产是真实的，因为它们的货币价值将随一般价格水平的变化而上升或下降；但它们的负债往往是名义的，也就是货币价值是固定的。因此，当已获得的名义负债受到低于预期的通货膨胀率的损害时，这些公司将从高于预期的通货膨胀率中获益。如果资产与负债是匹配的，那么这些公司将受到保护，免受任何事件的影响。

住房抵押贷款——重大危机的威胁。金融中介机构提供了一个相关但有些不同的案例。该案例涉及储蓄贷款协会和共同储蓄银行，它们的资产（主要是住房抵押贷款）和负债（对于股东或存款人）均以货币形式表示。但它们的持续时间不同。负债实际上是活期的[15]；资产则是长期的。目前的抵押贷款主要是在通货膨胀时发行的，因此利率比现在低得多。如果抵押贷款以当前收益率（即在自由二级市场上出售的市场价格）重新估值，那么美国所有的储蓄贷款协会都将破产。

只要储蓄机构能够维持它们的储蓄水平，就不会出现任何问题，因为它们不必清算它们的资产。但是，如果通货膨胀加速，那么利率将会进一步上升。除非储蓄机构能够提供一个有竞争力的利率，否则它们的股东或储户将提取存款以获得更好的收益（这个过程被通俗地称为“非中介化”或“金融脱媒”）。但由于它们的收入固定，储蓄机构将发现很难或不可能支付有竞争力的利率。这种情况是隐蔽的，但不因允许支付的利率的法律限制而改变。

通货膨胀的进一步加速对金融机构造成了重大危机的威胁。而且这个危机不是一个小事件。这些美国机构的总资产接近 4 000 亿美元（1 670 亿英镑）。[16]随着危机的发生，通胀减速将大大帮助它们，但这对最近那些受困于信贷市场的高利率借贷者将造成严重打击。[17]

抗通货膨胀贷款的好处。考虑广泛应用自动调整条款的储蓄机构将发生怎样的不同：它们账面上的抵押贷款产生的收益将是 5%加上通货膨胀率；它们可以支付给它们的股东或存款人的收益将是 3%或 4%加上通货膨胀率。该储蓄机构及其借贷者以及它们的股票持有者和储蓄者将得到保护，免受通货膨胀变动的损害。它们将仅承担实际利率而非货币利率可能发生的较小变化的风险。

同样地，如果一家保险公司的资产是来自企业的通货膨胀保护贷款，或是抵押贷款或政府债券，那么它就可以提供通货膨胀保护政策。如果养老基金持有通货膨胀保护资产，那么它可以提供通货膨胀保护型养老金。据我所知，在巴西，这个做法被贯彻得最深入，银行必须将相当于所有定期存款的通货膨胀率贷记为“货币调整”科目，并对超过某个最短期限的所有贷款进行“货币调整”。

再次重复，这些安排均需要成本。如果价格平稳使得这些安排不必要的话，情况会好得多。但在我看来，它们的成本远低于继续走上周期性加速通胀的道路并最终导致真正的经济萧条所产生的成本。

这些建议的政府安排将刺激私人安排。今天，发行私人购买力有价证券的一个障碍是，通货膨胀的调整将与实际支付的利息一起被征税。实际上，提到的这些税收变动将被免除税收，因而使得这些购买力有价证券对贷方更具吸引力。另外，政府发行的购买力债券将为私人借贷者提供有效的竞争，促使他们效仿并提供可作为通胀保护负债对应物的资产。

私人合同自动调整条款的前景。私人合同中的自动调整条款将会扩展吗？这取决于通货膨胀的进程。如果出于某种奇迹，通货膨胀将会在不久的将来消失，那么所有关于这种安排的讨论也将会消失。更可能的发展结果是，美国的通货膨胀率将在 1974 年底逐渐下降，在 1975 年稳定在 6％或 7％左右，然后在 1976 年开始加速，以应对 1974 年对不断攀升的失业率过度反应的延迟影响。这段时期将出现一个平稳但不令人注意的自动调整条款的扩展。如果通货膨胀率加速至 10％，那么大约 1977 年之后，这种平稳的扩展将进入一个盛行阶段。

（图 2 绘制了 1964—1973 年这 10 年间英国货币存量的年增长百分比。）

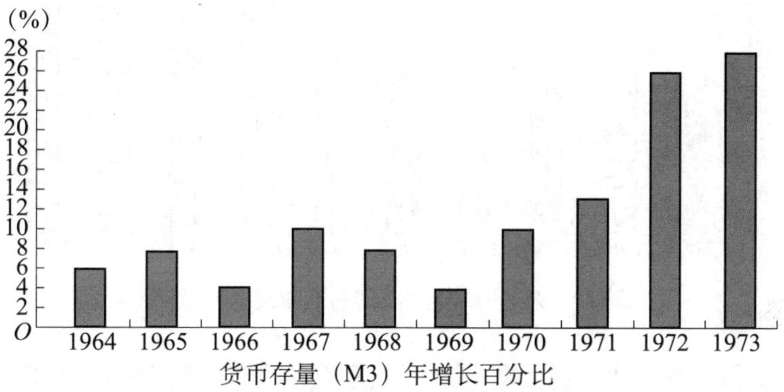

图 2　1964—1973 年英国的货币供给

无须说，我希望这种情况不会发生。我希望美联储和行政机构有意愿并能够抵抗对于 1974 年经济衰退的过度反应的压力，它们将保持财政和货币方面的约束，从而避免再次加速通货膨胀。但过去的经验和当前的政治氛围都不能使这种希望成为合理的期望。（图 3 绘制了 1964—1973 年英国产业周期性盈利的年增长百分比。）

让对抗通货膨胀更加容易。自动调整条款的普遍应用如何影响经济政策呢？一些评论家说，指数化将使我们面临永久性的通货膨胀。相反，我认为指数化将增强政府应对通货膨胀的能力。

首先，指数化将调和部分由通货膨胀率下降导致

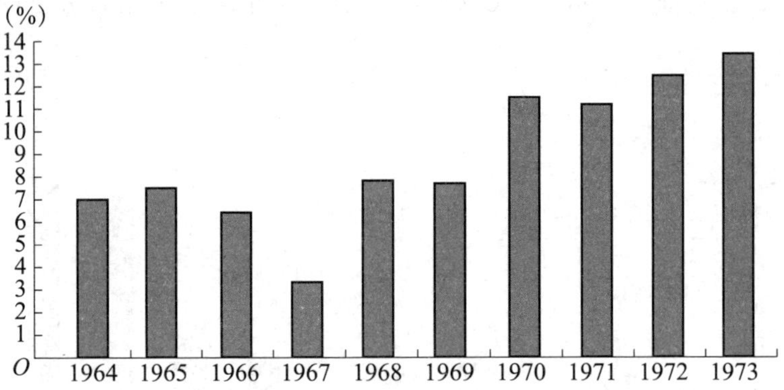

图 3　1964—1973 年英国的产业周期性盈利

的困难和扭曲。根据现有的工会合同，雇主不会被过高的工资增长所困扰，因为随着通货膨胀的消退，工资增长将趋于温和。借款人不会陷入过高的利息成本中，因为随着通货膨胀的消退，未偿贷款的利率将趋于温和。指数化还将部分抵消企业推迟资本投资的趋势，因为一旦总支出开始下降，就没有理由等待更低的价格和更低的利率。企业将能够借款或签订建筑合同，因为它们知道利率和合同价格稍后将会随着价格指数而调整。

最重要的是，指数化将缩短降低总支出增长率的时间，以充分发挥降低通货膨胀率的作用。随着经济各方面需求增长的减速，对价格的任何影响都将迅速转移到工资合同、未来交货合同和未偿长期贷款利率上。因此，生产者的工资成本和其他成本的增长速度将低于没有指数化时的增长速度。这种成本增长的缓和反过来会鼓励雇主留住更多的工人，并生产更多的商品。反过来，对供给的刺激将起到对抗价格上涨的作用，同时缓和工资和其他成本的上涨。（图 4 绘制了相对于 1973 年第一季度，英国在 1964—1974 年零售业物价的变化率。）

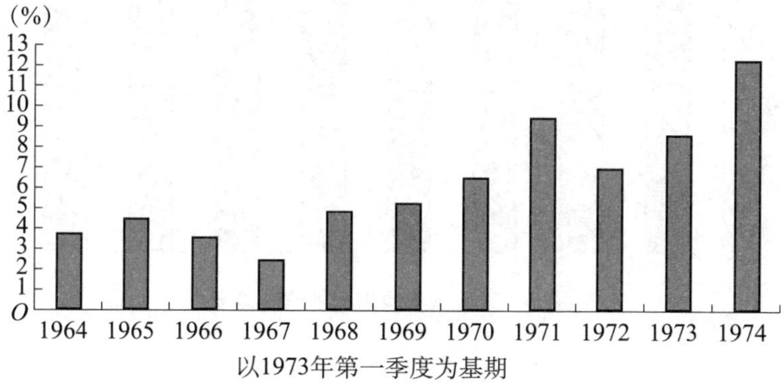

图 4　1964—1974 年英国的零售业物价

总的来说，由于广泛应用的指数化，美联储严格的货币约束还将反映在通货膨胀速度的下降和失业率的短暂上升上。成功地减缓通货膨胀能够坚定政治意愿，使其忍受较小的“停药痛苦”，从而使得美联储能够坚持实施强硬的政策。随着人们越来越相信美联储会坚持政策，私人反应可能会强化这些政策的影响。在就业率很高的情况下，经济将会更迅速地向非通胀增长转变。（图 5 绘出了英国与其他国家的物价增长情况。）

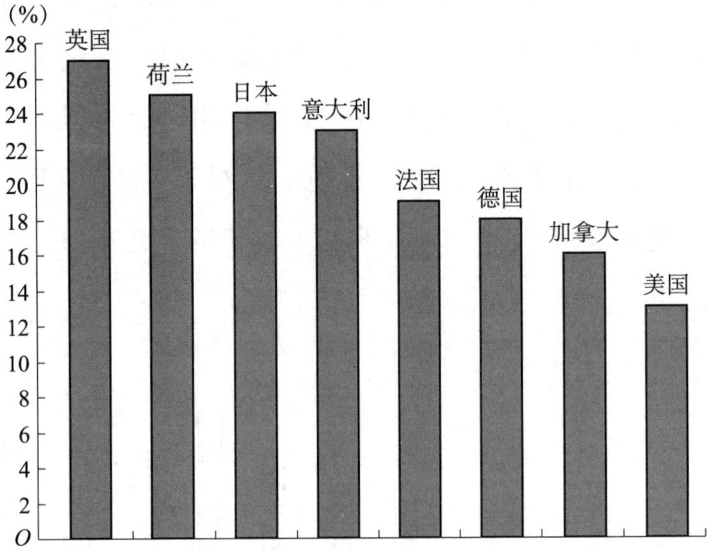

图 5　英国和其他国家的物价增长

7. 自动调整条款的反对意见

对于广泛应用的自动调整条款的主要反对意见是，该条款对经济有通货膨胀性影响。[18]正如我在 1970 年通用汽车公司解决方案中解释的，这种声明是错误的。自动调整条款只在价格上涨之后才会生效。那么这种反对意见从何而来呢？自动调整条款既可以向上也可以向下发挥作用。如果通货膨胀放缓，工资增长亦会随之放缓，那么自动调整条款会不会带来通货紧缩的影响？

自动调整条款对通货膨胀率并没有直接影响。它们仅仅保证通货膨胀能够对不同的价格和工资产生同样的影响，从而避免通用汽车公司案例中所描述的相对价格和工资的扭曲。随着自动调整条款的广泛应用，通货膨胀将会传播得更快、更均匀，由通货膨胀造成的损害就会更小。但又是为什么要提高或降低通货膨胀率呢？

提高税率的动机？

在更复杂的层面上有两个反对意见。第一，广泛应用的自动调整条款将限定政府的收入从简单的通货膨胀转至由发行额外的高能货币产生的现金余额的直接税收［第 36 页第（1）点］。因此，来自给定通货膨胀率的收入将减少，这可能会导致政府提高税率。

“与通货膨胀共生”

第二，公众可能会将自动调整条款的采用解释为政府已经放弃了与通货膨胀斗争，只寻求“与通货膨胀共生”。这可能会导致公众提高对未来通货膨胀的预期，然后减少持有的现金余额，这又将导致价格水平彻底地升高，从而成为一个自我实现的预言。

这两种反对意见在我看来都不重要。如果公众并不希望消除通货膨胀，而是满意于允许政府将其作为一个常规的收入来源，那么我们越早适应这种情况越好。同样地，第二个反对意见与自动调整条款的提议几乎没有关联，因为自动调整条款是消除结束通货膨胀的政治障碍的一种手段。

在一个更加复杂的层面上，人们认为自动调整条款通过转移由通货膨胀产生的相关价格扭曲，使得公众更加容易认识到通货膨胀率的变动，进而缩短适应变动的时滞，从而使得名义价格水平更加敏感和多变。尽管无法证明，但这确实是可能的。但如果是这样的话，实际变量将会变得不那么敏感并且更加平稳——这是一个非常有益的权衡。而且，通过让精准评估通货膨胀率变得不重要，广泛应用的自动调整条款将减少对于这些评价的关注，从而提供更大的稳定性。

另一种截然不同的反对意见是，通货膨胀可用于解决不同群体不兼容需求这一关键社会目的。简而言之，经济中的参与者不只对整个产出有不可协商的需求。这些需求得到调和，因为通货膨胀愚弄了公众，使他们相信他们实际上未被满足的需求已经得到满足，名义收入受到了未预期的通货膨胀的损害。

有人认为，自动调整条款将不一致的需求公开化。工人可以接受未预期的通货膨胀导致的较低实际工资，但他们不愿意在明确的谈判中接受相同的实际工资。[19]如果这种观点在足够大的范围内是正确的，以至于具有重要意义，那么除了失控的通货膨胀或由武力统治的独裁社会之外，我看不到任何最终的结果。可能这仅仅是使我不愿接受我们命运愿景的一个妄想。

8. 结　论

传统的政治智慧认为，公民可能会抱怨通货膨胀，但在选举时仍会根据失业率水平进行投票。据说没有人因为通货膨胀问题而输掉选举：1932 年胡佛、1960 年尼克松都因为失业问题而落选。

随着我们离萧条十年越来越远，并且经历越来越多的通货膨胀，这种传统的智慧变得日益可疑。通货膨胀确实帮助爱德华·希斯（Edward Heath）先生在 1970 年成为首相，更准确地说是在 1974 年的前首相。由于通货膨胀，日本首相田中角荣（K. Tanaka）先生的支持率一直处于历史最低水平。智利总统阿连德（Allende）至少在一定程度上是死于通货膨胀。纵观世界，通货膨胀是政治动荡的一个主要根源。

也许在这个棘手的时刻，广泛应用的自动调整条款并不是最好的办法。但我并不清楚是否还有其他建议能够做到以下这一点：既能减少通货膨胀带来的危害，又能促使通货膨胀尽早结束。如果通货膨胀持续加速，传统的政治智慧将会被推翻。坚持不计代价结束通货膨胀，将会导致严重的经济衰退。现在，在这发生之前，是时候采取措施，尽快使得结束通胀在政治上可行，避免通胀终结我们的传统智慧与自由社会。

注释

[1] 这一点有些过于简化了，因为一个完全站得住脚的陈述必须考虑到速度的自发变化，也就是说，在对实际余额的需求上，必须明确货币的精确定义。但据我所知，这不是至关重要的。

[2] 在英国，1970—1974年的保守党政府希望将经济年增长率从19世纪60年代末的2.3%～3%提升到5%。短期来看，1972—1973年，这一比率上升至6.5%（如果官方数据可靠），然后在1973年降至4%。——编者注

[3] 一位货币史学家描述了罗马银币的贬值过程。到戴克里先皇帝（Emperor Diocletian）（公元300年）统治时期，它实际上已经从最初厚重的银币变成了只含有一点点银成分的铜币。（Rupert J. Ederer，*The Evolu-*

tion of Money，Public Affairs Press，Washington DC，1964，p. 88.）我们比戴克里先走得更远。我们现在是用镍掺进铜币里，连一点银的成分也没有。

［4］不包括财政存款。名义上，美联储归其成员银行所有。这纯粹是一种形式。实际上，美联储是政府的一部分。它以美国财政部支付给它的政府债券利息的形式获得“收益”；它将超过运营成本的利息返还给财政部。将联邦储备系统的账目与财政部的账目合并，可以促进经济理解，避免混乱。

［5］根据由机械及相关产品委员会（Machinery and Allied Products Institute）出版的，乔治·特博格（George Terborgh）总结的《通货膨胀与利润》（*Inflation and Profits*）（1974 年 4 月 2 日修订版）一书，美国商务部估算出通货膨胀通过虚假的股票利润和折旧不足，导致 1973 年公司利润被高估 260 多亿美元（108 亿英镑）。按 48%的公司税率来计算，额外缴付的税款约为 128 亿美元（53 亿英镑）。此外，公司的资本收益无疑被夸大了。

［6］公众持有的约 2 600 亿美元（1 080 亿英镑）联邦债务利息总额的平均利率约为 5.7%。1973 年的市场利率本应高出上述利率约 2%，这意味着政府在此基础上的收入约为 50 亿美元（20 亿英镑）。然而，回顾往

昔，1973年的市场利率似乎并未充分考虑到通货膨胀因素。

[7] Milton Friedman, *The Optimum Quantity of Money*, Macmillan, London, 1969, chs 10, 11 and 12; "Letter on Monetary Policy", *Review*, Federal Reserve Bank of Saint Louis, March 1974. Also, A. James Meigs, *Money Matters*, Harper and Row, New York, 1972, ch. 6.

[8] 这正是W. 斯坦利·杰文斯（W. Stanley Jevons）所估计的："货币扩张发生在价格上涨前一两年。"（*Investigations into Currency and Finance*, Macmillan, 1884, p. 107.）

[9] 他的讨论转载于原始的*Occasional Paper*，P. 33。

[10] 一项有用的调查是Robert P. Collier, *Purchasing Power Bonds and Other Escalated Contracts*, Buffalo Book Co., Taipei, Taiwan, 1969（distributed in the USA by the Utah State University Press, Logan, Utah）。

鉴于1973年物价上涨，英国政府开始每年审查养老金和其他社会福利，保守党在1974年的选举宣言中承诺每年调整两次。——编者注

[11] 原则上，随着细节的变化，这些观察结果适用

于或可能适用于英国。参看原始*Occasional Paper*，P49关于“财政阻力和通货膨胀”的说明。——编者注

［12］这些税收和借款措施都包含在参议员詹姆斯·巴克利（James Buckley）于1974年4月提出的一项法案中。

［13］在英国，审查国家储蓄委员会（the Committee to Review National Savings）的报告（the Page Committee：Cmnd. 5273，HMSO，1973年6月）发现“如果以1951年3月的货币购买力表示，1972年3月底投入的95.46亿英镑国民储蓄价值仅为42.69亿英镑。由于1951年3月底国民储蓄总值为61.3亿英镑，实际上国民储蓄正在收缩”（第568段）。因此，它审查了支持和反对政府证券指数挂钩的论据，并得出结论：“应该进行一项实验，为小银行发行一个适度的指数挂钩债券，理由是它最不能保护它的资本免受通货膨胀的影响”（第583段）。——编者注

［14］自受到保守党政府对其反通胀政策的制裁之后，在英国有800万到900万人的门槛协议被广泛采用：*The price and pay code for stage 3*。*A consultative document*，Cmnd. 5444，HMSO，Autumn 1973.——编者注

［15］或者，在英国，短期通知。——编者注

[16] 英国建筑协会的资产超过175亿英镑。——编者注

[17] 除非像在英国一样降低利率。——编者注

[18] 1970—1997年保守党政府的一位财政部部长认为，那些主张指数化的人“在论证人们应该试图忍受通货膨胀而不是控制通货膨胀，我认为从这里开始是一个危险点”。（Mr Terence Higgins，*Hansard*，20 May 1974，col. 83.）——编者注

[19] 凯恩斯观点的背后其实隐含着一种“货币幻觉”，即工人不会接受较低的货币工资，但会接受由于物价上涨（通货膨胀）导致的实际工资减少。——编者注

三、备忘录：对货币政策问卷的答复*

1. 背景

（1）像美国或其他国家一样，英国面临两个不同但相关的问题：通货膨胀与缓慢增长。尽管“滞胀”这个词已经包含上述两层意思，但这两个问题是可分离的：萨拉查（Salazar）** 统治下的葡萄牙既没有通货膨胀也没有增长；19 世纪晚期的美国与英国则出现了通货紧缩与快速增长；20 世纪 30 年代许多国家的情况是通货紧缩且产出萎缩；战后德国与瑞典经历了低通货膨胀与快速

* 这篇备忘录于 1980 年 6 月 11 日提交给财政和公职委员会主席。

** 安东尼奥·德·奥利维拉·萨拉查（Antonio de Oliveira Salazar，1889 年 4 月 28 日—1970 年 7 月 27 日），曾任葡萄牙总理、葡萄牙总统，当权时间长达 36 年。——译者注

的经济增长；20 世纪 60 年代到 70 年代早期的巴西、最近的韩国面临高通胀与快速的增长；当代英国、美国及许多其他国家存在的问题则是高通胀和低速增长或产出萎缩。

（2）任何长时期的通货膨胀，无论出现在何地，都是一种货币现象，其原因是货币数量的增长比产出的增长更快。很少有经济命题比这一命题更加具有经验基础——这些经验延续了数千年，且遍布全球。但这个命题是理解通货膨胀成因及寻找应对方式的起点，而不是终点。难题是，为什么货币量的增长比产出的增长更快以及怎样消除这个差异。关于怎样消除两者之间的差异，尽管通货膨胀取决于货币增长率以及产出增长率，但应对通货膨胀主要是通过货币政策的手段，这主要有两个原因：一是货币增长，如通货膨胀，能够也确实比产出增长的波动幅度更大。产出增长率翻倍，在一些年以后产生的效果将是惊人的，然而对英国来说，那仅仅会降低 2%～3%的通货膨胀率。二是虽然较低的通货膨胀率可能在一段时间后对产出增长产生有利的影响，但在短期内，一种暂时的副作用几乎是肯定的，那就是较慢的产出增长，而不是对抗通货膨胀所需的较高增长（见图 5）。

（3）以我的观点来看，近年来，英国和美国的经济增长放缓，主要反映了早期大量的政府支出及政府对经济的过度干预，这已经削弱了对工作、储蓄、投资以及创新的激励，而且加速了对现有资源的浪费。这里的货币政策明显只是应对方案的初级部分；消除干扰资源有效利用的因素，才是应对方案的高级部分。

（4）当前的通货膨胀与低增长问题在以下几个方面是相关的。

（a）两者在很大程度上是同一基本原因产生的共同后果：政府规模过大，且干预过多。较高的政府支出引起纳税人的反对。纳税人的抵制倒逼政府通过印钞为支出融资，结果货币增长过速，从而导致通货膨胀，但它却产生了一个受统治政府欢迎的副产品——在不通过立法的情况下提高了有效税率。政府支出加上政府干预降低了产出增长率，从而进一步提升了任一给定货币增长率下的通货膨胀率。放缓的经济增长也增加了任一给定政府支出给社会带来的压力，从而再次加剧了人们对显性税收的抵制。

（b）通货膨胀，尤其是高度变化的通货膨胀，通过两种方式影响经济增长：（i）通过价格系统传递干扰信息，增加个人和公司面临的不确定性，使其将注意力从生产性活动转移至保护性活动中；（ii）诱导政府采取反生产性的错误措施作为价格控制手段及收入政策。正如第（1）段中提到的，这些不利影响有时已被反向力量所抵消，因此高通胀水平并没有阻止经济快速增长。然而，当今西方发达国家的情况是，这些不利影响在过去 20 年间一直占据主导地位：高水平且持续增长的通货膨胀正伴随着高水平且持续增长的失业，以及低水平且不断下降的经济增长。

（c）对通货膨胀和缓慢的经济增长来说，能源危机无疑是雪上加霜。然而，这两个问题都发生在能源危机之前。尽管出现了能源危机，一些国家还是成功避免了通货膨胀和经济增长放缓，而如果危机奇迹般地结束，这两个问题都不会得到解决。无论如何，对英国来说，由于北海石油的存在，能源危机既是一种负担，也是一种恩惠。许多国家的政府为应对石油输出国组织（OPEC）垄断而采取的错误政策，加剧了能源危机所造成的伤害，并极大地延长了危机持续的时间。

（5）一项成功地降低通货膨胀的政策将不可避免地产生副作用，即经济增长的暂时放缓。然而，继续保持目前的通货膨胀水平，甚至进一步加速通货膨胀，充其量只会推迟经济增长减缓的时间，但代价是以后出现的减缓将更为严重。过去在经济政策上的错误使我们别无选择。我们现在唯一的选择是，接受暂时的经济放缓，作为结束通货膨胀计划的一部分，否则就会由于持续或加速的通货膨胀而在之后经历更严重的经济衰退。

（6）抑制货币增长率既是控制通货膨胀的必要条件，也是充分条件。反过来，控制通货膨胀是提高英国生产力的必要条件，但不是充分条件，而生产力是健康经济的根本要求。这就需要在更广泛的范围内采取措施来恢复和提高积极性，促进生产性投资，并为私营企业提供更大的发展空间，然而这类措施不在本调查的考虑范围之内。

2. 货币战略

（7）我非常赞同政府所提出的货币战略大纲：以货币增长为主要的中期目标；预先制定出未来数年的目标；订立一个稳定并逐步降低货币增长的目标；以及强调政府严格遵循这些目标的意向。

（8）《1980—1981年财务报表及预算报告》（*Financial Statement and Budget Report for 1980—1981*，1980年3月26日）所制定的M3增长的数字目标在我看来似乎是正确的，而且以大致正确的速度下降。这一判断在很大程度上取决于我对英国以外的国家（美国、日本等）的经验研究，以及我对英国货币和经济规模长期变动的详细研究［见第（21）～（25）段］。

（9）另一方面，我认为分配给 PSBR* 的关键性目标是不明智的，原因有以下几点。第一，由于未考虑通货膨胀的影响，这些数字极具误导性。[1]第二，PSBR 的规模与货币增长没有必然关系。尽管目前两者存在某种不紧密的联系，但是这种联系也只是因为目前控制货币供应的技术过于拙劣。第三，PSBR 的规模确实对利率水平有影响。然而，对于给定的货币增长，影响利率的主要因素是实际 PSBR，而不是名义 PSBR。无论如何，按照政府所发布的值得高度赞扬且依靠市场机制的政策，利率应由市场来决定，而不是由政府操纵。第四，对 PSBR 的强调将人们的注意力从政府财政政策的真正重要方面转移开来：国家产出中被转移到由政府官员而非公众个人来决定用途的部分，而这些个人在很大程度上创造了产出。政府总支出，而不是税收和借款，衡量了当前政府活动带给公民的真实成本（可进行资本交易的准入门槛很低）。政府已经表达了降低政府开支占国民收入的比例的意图，但在我看来，财政报表中预计的削减幅度太小且太迟了。更快地削减政府支出和减税的效果将会好得多，尽管这会导致更高的 PSBR。这甚至可能

---

* PSBR 是 Public Sector Borrowing Requirement 的简称，表示公共部门的借款需求即财政赤字的融通，是英国预算赤字的旧称。——译者注

减轻利率的压力，因为政府对信贷的额外需求可能被额外的信贷供应（按实际价值计算）所抵消，这些额外供应由政府同期发生和预期减少的对资源的控制所产生。然而，我在这里有点偏离货币政策本身，过度阐述了提高产出的政策。

3. 货币战术

（10）当我们从货币政策的战略转向战术时，有必要将口头保证与政策变化区分开来。通过公布货币增长目标，世界各地的央行行长对控制货币总量发表了口头承诺。然而，很少有人改变政策，使之与他们的专业信仰相匹配。大多数国家继续通过同时控制货币总量、利率和外汇汇率，来试图同时驾驭多匹马——在这一过程中，这三项指标都出现了过度的波动。而且，几乎没有几家银行改变它们的操作程序，以使得与所宣称的控制货币增长的目标保持一致。官僚主义的惰性已经超过了言行一致的压力。美国是一个特别令人震惊的例子，到目前为止，美联储在 1979 年 10 月 6 日的声明只是部分缓解了这一问题。

（11）英国是另一个令人震惊的例子，这个例子最近出现在《货币控制绿皮书》(the Green Paper on *Monetary Control*, Cmnd. 7858, 1980 年 3 月)中。当我读到概要一章的第一段时,我简直不敢相信自己的眼睛:“控制货币供应增长的主要手段必须是财政政策——包括公共支出、税收政策——和利率。”从字面上解释,这句话是完全错误的。只有瑞普·范·温克尔(Rip Van Winkle)这样在过去 10 年乃至更长的时间里没有读过一本有关货币供应过程的文献的人,才有可能写出这句话。直接控制基础货币是财政政策和利率以外的另一种控制货币增长的方法。当然,直接控制基础货币会影响利率(虽然不是《货币控制绿皮书》第四章所暗示的方式),但这与通过利率控制货币增长是完全不同的。

(12)这些令人惊讶的话反映了长久以来的惯例使人缺乏远见,我们每个人都难以调整自己的观点以适应变化的环境。英国央行在其发展历程中一直认为自己关注的是信贷状况。在古典金本位制下,英国央行没有直接控制货币数量,这是由国际支付流量决定的。它可以在很短的时间内影响货币数量(或基础货币),但只能通过对信贷市场施加影响来改变货币需求量。战后大部分时间内,在盛行的布雷顿森林体系(Bretton Woods System)固定汇率制度下,银行的操纵空间多少大了一些,但是仍然不得不解决国际收支平衡的问题。因此，同样地，央行不论是采用国际汇率管制手段还是信贷市场手段——也就是试图影响货币需求的数量——都受到了极大的限制。当然，英国央行必须在金本位制下运作，或选择在固定汇率下运作。无论货币产量是多少，这一事实并没有阻止货币数量的变化对名义收入、产出、价格和利率产生可预测的影响。的确，正如后来指出的［第（22）和（23）段］，在用以确定货币数量的各种制度下，反应是相同的。

（13）取消外汇管制和接受浮动汇率从根本上改变了形势。收支平衡可以由市场来调控。当然，如果央行寻求盯住或操纵汇率，那么这将相应地限制其控制货币增长的能力。政府发布的政策是，除“防止汇率的过度变动”外，不进行此类活动。[2]在我看来，这个例外是一个错误；最好让市场完全自由——对英镑市场这样一个广泛而有效的市场来说，这是理所当然的。但无论错误与否，只要坚持，例外都是次要的，它并不妨碍央行直接控制基础货币。

（14）试图通过利率来控制货币供给反映了长期以来在货币和信贷之间的混淆。根据货币的定义，大多数信贷都不是货币；很多货币不是信贷（这一点在黄金等商品标准中表现得最为明显）。英格兰银行发行的钞票过去常被形容为“对付款的承诺”，现在或许依然如此。很明显，今天的情况并非如此。它们只是法定货币，在任何意义上都不是一种信用工具。利率是信贷的价格，而不是货币的价格。货币价格是，用于“购买”一张纸币所需的商品和服务的数量（价格水平的倒数）。操纵利率可能对信贷需求产生决定性的影响——尽管由于银行能够操纵的利率范围有限，使得这种影响也令人怀疑。但在对货币控制至关重要的短期内（几个月至一年或更长时间），它对货币需求量的影响极不稳定，且不可靠。虽然这种手段在实现特定的利率目标时表现优异，但它在控制货币总量这一目标上表现得令人失望。那为什么央行还是要使用它以期达到控制货币总量的目标呢？试图通过“财政政策……和利率”来控制货币供给，意味着通过人为操控货币使用者的收入（这就是财政政策扮演的角色），或者通过改变它的替代品的价格（这就是利率的角色）来改变货币的需求。打个比方，这就像试图通过改变潜在购买者的收入和人为操纵铁路和航空票价来控制汽车的产量。虽然原则上两种手段都可以达到目的，但是实际上效率是非常低的。通过控制一种基本原材料（比如钢铁）供应来控制汽车的产量要容易得多——正如通过控制银行和其他金融机构的基础货币来控制货币供给。

（15）货币当局可以直接控制基础货币。[3]然而，目前它们已放弃对基础货币的控制，而是被动地向银行体系提供由银行选择的准备金。我认为这是一个严重的错误，当局应该直接决定发行的基础货币（包括准备金）数量，而不是试图猜测所需的目标货币量应具备的条件。

(16) 对基础货币的控制不会产生对货币供给的严格控制。目前，基础货币与货币供给之间的联系过于松散，这主要是由于银行可以根据机构安排持有各种资产，以满足准备金要求。人们非常希望用一种单一的资产——英格兰银行以纸币或存款（即基础货币）形式存在的负债——来取代这种多重准备金制度。这可能是当前机构安排中最重要的一项改变，它需要对货币供给有更为有效的控制（不论是通过控制基础货币的办法还是其他较为过时的办法）。毫无疑问，其他的机构改革将会有所帮助（比如一些列在《货币控制绿皮书》中的改革）。在这个问题上，英国有许多人比我更有资格作出判断。

(17) 对基础货币的控制应主要通过公开市场的短期债券操作来实现，因为只有一项储备资产，短期债券将不再是基础货币的完美替代品。有多种方法可以确定每周购买或出售的数量，而且有大量叙述相关方法的文献。然而，关键在于欧洲央行应该每周提前决定买入或卖出多少，而不是以何种价格买进或卖出。它应该允许利率完全由市场决定。（这些措施都无法阻止紧急情况下临时的最后贷款人行动。）

（18）反对通过基础货币来控制货币供给的人通常认为，这种做法会导致市场利率出现人们不愿看到的大幅波动。对于非常短期内的变化情况来说，可能确实是这样的。但就几周以上的变化情况而言，结果恰恰相反。与任何市场一样，固定价格的效果是使得本来会被价格的微小变化所消除的扰动累积起来，并最终迫使市场发生重大变化。当然，很难想象，利率会出现比各国央行试图“稳定”利率时，更不稳定的走势。

（19）正如这些评论所指出的，债务政策（区别于《货币控制绿皮书》所称的“公共支出和税收政策”，即“财政政策”）确实在控制货币总量方面发挥着关键作用。在这方面，我长期以来一直认为，无论是在货币政策方面，还是在为 PSBR 融资方面，名义上的金边长期债券都是一种极不受欢迎的工具。最近的经验戏剧性地说明了这一点。政府致力于结束通货膨胀。然而，只有在通胀持续大幅上升的情况下，它发行的长期债券才能提供合理的收益率。当然，市场在持续设置这些利率，如此高的利率反映了人们对于政府实现其目标的能力缺乏信心。政府是否也同样缺乏信心？它提供长期债券的条款是否比其坚定、反复的公开声明更准确地反映了其意图？如果答案是否定的，而且政府成功地降低了通货膨胀率，那么它就让自己或其继任者背上不合理且没有必要的未来的高额利息负担。

（20）对前一段所提出的问题，正确的解决办法是，要么不发行长期债券，要么只发行与未来通货膨胀完全挂钩的长期债券。出于其他原因，我一直支持与通货膨胀完全挂钩的债券——尤其是在考虑到出借方的权益，以及对不断上升的通货膨胀进行更加平稳的经济调整时。避免上一段提出的问题是这样做的更加有力的原因。

4. 支持货币战略的经验证据

（21）委员会指出，它特别欢迎来自英国或其他国家的经验证据。尽管在短期计量经济学模型或类似模型方面，我没有什么可提供给英国的，但我本人和合作者已经发表的研究，为货币的作用，以及货币增长变化与产出和通胀变化之间的时间关系提供了广泛的证据。这些研究特别指出，货币增长变化的最初效果是对速度的抵消，随后是支出增长的变化，其最初表现在产出和就业上，后来才表现在通货膨胀上。最初对速度的抵消具有误导性，因为它仅仅反映了反应的滞后。只有当用收入除以当前货币数量来表示速度时，才会出现这种现象。

在用当前收入除以两个或三个季度前的货币数量来表示速度时，基本或完全不会出现这种典型的滞后反应现象。没有考虑到反应的滞后是造成误解的一个主要原因。对于美国、英国和日本来说，货币增长与产出变化之间的滞后时间为 6～9 个月，货币增长与通胀之间的滞后时间约为两年。当然，这些影响是分散的，而不是集中在指定的时间点。

（22）在一项尚未发表的研究中，安娜·J. 施瓦茨（Anna J. Schwartz）和我共同探讨了过去一个世纪里英国和美国的货币趋势。我们发现，在过去的一个世纪里，英国和美国对货币的需求，即一个将货币需求和少数关键变量联系起来的需求函数，一直保持高度稳定，只有一次是由于大型战争造成的暂时干扰。[4]美国和英国的需求函数存在一些系统差异，但这些差异都是不重要的。在 20 世纪的大部分时间里，这两个国家可以被视为一个金融共同体的一部分。

（23）对英国来说，第二个甚至是更加引人注目的发现是，在像一个周期阶段那么短的时期内（平均不到三年），直接从我们的草稿中引用如下：

> ……货币变化与产出之间似乎几乎没有任何关系：一个简单的数量理论认为，价格变化主要由货

币变化决定，而产出由独立的其他因素决定，这总体上符合这一段时期的证据（不包括战争……）。货币总量的变化迟早会被价格所吸收，而在早期阶段，速度的变化比产出的变化更能吸收货币总量的变化……[5]

受常识所误导，我们预期在价格与产出变动之间，以及两者同货币变动之间存在正相关关系，并长期、努力地寻找，而且我们并不是简单地认为可以揭示这种关系。相反，如果排除美国两次世界大战之间的时期，从统计学及经济学角度来说，更典型的是价格与产出变动之间存在负相关关系……上述描述的另外一种关系使我们想起凯恩斯的格言："我发现我不止一次被自己所感动，因为我提醒了同时代的经济学家们，古典经济学的教学教给我们一些非常重要的永恒真理，但是我们今天却有责任好好地审视它们。因为我们将它们与其他一些学说相混淆，但我们不能不加证明地就轻易接受这些学说。在这些事物中有许多深层的暗流在起作用，如自然力量，甚至是看不见的手，促使它们达到均衡。"（*Economic Journal*，June 1946，p. 185.）

我们得出的结论是，人们普遍认为价格和产出变化之间是正相关关系且数量理论存在不足，这在很大程度上是由于人们将美国在两次世界大战之间的时期认为是常态而不是特殊情况这样一种倾向所致。在这个时期凯恩斯的《通论》(*General Theory*)公布于世，并引发了凯恩斯革命。凯恩斯的理论似乎并不具备广泛适用性，而是需要很特殊的使用条件。虽然经常有人表达这样的观点，但是却很少有人像我们这样充分证明它。

(24) 货币趋势研究中，与汇率相关的另一个发现是市场汇率与购买力汇率之间的关系。自 20 世纪 30 年代以来，政府对外汇市场的干预加剧了两种汇率之间的差异，而交通和通信方式的改善却在降低这一差异方面发挥了很大的作用。我在纪念哈利·G. 约翰逊（Harry G. Johnson）的演讲[6]中已经讨论过这个发现。幸运的是，政府取消外汇管制和放开汇率有望结束这一不幸的局面，而这一局面一直是引发不稳定的强大根源。

5. 对上述问题的简要评论

(25) 本节包含对委员会问卷调查表中许多具体问题的简短答复，这些问题在本备忘录前几节中没有被充分讨论。我为答案的简洁和教条形式道歉，但是由于时间限制，几乎不可能提供包含所有学术证明的完整答案。我用问卷调查表中的字母和数字来标明问题。

A. Q1：当然，政府应该“仍然追求这些”和许多其他目标。关键问题不是这个。实现其目标的最佳方法是什么？这并不意味着直接攻击它们是一种可取的手段。我和政府的观点一样，认为对政府来说最有效的方法是提供一个框架，从而能够鼓励和支持一个健康而充满活力的自由私人市场。这需要结束通货膨胀，消除政府对市场有效运行的阻碍，减少政府的以下几项基本职能，即保护国家免受其他国家侵犯，保护个人不受其他公民的胁迫，执行私人合同和调解争端，以及用亚当·斯密的话来说，“建立和维护某些公共工程和公共机构，这绝不会是为了任何个人或少数群体的利益而做的事”。

A. Q3：战后对高就业的承诺导致了高失业率！促进生产性就业保持高水平的方法，就是结束政府以“充分就业”的名义所执行的反生产性政策。

B. Q2：依我看，没有任何理由对信贷进行直接控制。

B. Q4：控制货币供给并不是控制经济的机制。它是一种为经济提供平稳货币框架的方式，包括控制通货膨胀。

B. Q9：这是一个高度复杂的问题，下面的回答是经过大幅度简化的：PSBR 的理想趋势路径应该是实现并保持实际 PSBR 与 GNP 的比值为零。应允许 PSBR 在整个周期内自发变动，以应对政府在一个固定支出方案上名义支出的周期变化，以及在一个固定税收结构下政府名义收入的周期变化。支出方案和税收结构都不应因周期波动而改变。PSBR 不应随个人储蓄率的变化而改变。

B. Q11 和 Q12：我强烈反对。货币政策首先影响资产组合，其次影响支出决策，后者转化为对产出和价格的影响。反过来，汇率变化主要是对国内政策和国外类似政策所产生的影响的一种反应。这个问题是颠倒的。浮动汇率是必要的，以使适当的货币政策成为可能。它们是一种促进机制，而不是一种"传递机制"。正如 1923 年凯恩斯在《货币改革论》（*Monetary Reform*）中指出的那样，固定汇率使得独立的货币政策不可能实现。

B. Q13：不。

B. Q14：不，妨碍而不是辅助。

B. Q17：失业和产能过剩是降低通胀所产生的不幸副作用，而非根治通胀的手段——就像卧床是阑尾炎手术带来的副作用，而非根治阑尾炎一样。只要失业和产能过剩对通胀有直接影响，降低产出增长就会使通胀恶化。造成产出收缩的机制是为应对货币增长放缓，以及工资和物价在吸收支出放缓时存在不可避免的滞后而产生的名义支出的放缓。造成这种滞后的部分原因是长期合同的存在以及改变价格和工资存在的法律障碍，部分原因是通货膨胀预期的持续存在，还有部分原因是其他因素。

B. Q18：最好的证据来自英国和其他国家的经验。在我读到这一经验时，其中第 24 段所述的经验和日本自 1973 年以来的经验对我来说似乎最为重要，我的结论是：（a）到 1982 年将通胀率降低到一位数所产生的副作用仅仅是产出和就业的轻微下降；以及（b）会对投资以及未来增长潜力产生非常有利的影响。

C. Q2：政府所宣称的依靠市场机制进行调节的政策正是这样一种灵活的政策。市场反馈是自动的，其强度与所需的反应成比例。它不需要被私营部门或政府公务员“轻易地理解”就能发挥效力。然而，我怀疑私营部门“理解”这一政策，要比理解政府一直实行的并不成功的其他政策要“容易得多”。

C. Q3：不。

C. Q4：是的，我认为稳定的货币增长，以及为自由和灵活的私人市场维持有利的框架是最“稳健”的政策。

注　释

［1］See C. T. Taylor and A. R. Thread-gold，" 'Real' national saving and its sectoral composition"，Bank of England Discussion Paper No. 6，October 1979.

［2］财政大臣关于货币政策的信，财政和公务员事务委员会，*Memoranda on Monetary Policy and Public Expenditure*，19 February 1980，p. 3.

［3］例如，见 Brian Griffiths，"The Reform of Monetary Control in the United Kingdom"，City University Centre for Banking and International Finance，*Annual Monetary Review*，No. 1（October 1979），pp. 28 – 41；and W. Greenwell Associates，*Special Monetary Bulletin*，*Monetary Base Control*，21 April 1980，p. 3。

［4］在国家经济研究局的赞助下，我们的研究涵盖了过去一个世纪货币和其他经济量（比如名义收入、价格、支出和利率）之间的关系，并且特别将美国和英国两国作了比较。我们的很多研究结果都与中期和长期政策密切相关，但与短期政策的关系较小，这是为了减少短期的周期性波动。我们把一个周期阶段（一个周期性

的膨胀或一个周期性的紧缩）作为我们分析的基础单位。我们所有的数据已经修改成周期的平均数。

[5] 我要强调，这个结论和我之前的声明（第 5 段，“一个成功地减少通货膨胀的政策将有不可避免的副作用，即经济增长的暂时性阻滞”）并不冲突，这个调整是因为暂时性阻滞的持续时间比一个周期短，在我们的数据中被平均化了。

[6] “Prices of Money and Goodss across Frontiers: the £ and $ over a Century”, *The World Economy* 2 (4), February 1980, pp. 497 – 511.

四、失业与通货膨胀？——对菲利普斯曲线的评价*

1926 年对菲利普斯曲线的讨论是恪守事实的，而后的 30 年都在错误中前行，现在又回到了 1926 年其最初的真相。整个周期历时大约 50 年。你可以看到技术的进步是如何加快生产并消除无知的。

1. 费雪和菲利普斯

我并不是随机选择 1926 年作为研究的起始，而是因

* 本节最早发表于 IEA Occasional Paper No. 44（1975）。

为在这一年，欧文·费雪在《国际劳工评论》(*International Labour Review*) 上发表了一篇题为《失业与价格变动关系的统计分析》[1] (A Statistical Relation between Unemployment and Price Changes) 的文章。

费雪的研究方法

费雪的文章所涉及的实证现象，与约32年后菲利普斯 (A. W. Phillips) 教授在《经济学》(*Economica*) 上发表的著名文章中分析的实证现象完全相同。[2]他们都对以下经验观察印象深刻，即通货膨胀往往与低水平的失业有关，而通货紧缩与高水平的失业有关。费雪的文章从一个非常不同的角度出发，其中一个有趣的地方是他一开始就说，由于他对这门学科非常感兴趣，“尤其是在过去三年里，我的办公室里至少有一台电脑是在为这一项目几乎不间断地工作”[3]。当然，他的意思是一个人操作一台计算机。

然而，在费雪的分析和菲利普斯的分析之间，1926年的真相和1958年的错误之间有一个关键的区别，这与因果关系的方向有关。费雪将价格变化率作为自变量。用他的话说，

> 当美元贬值时，或者换句话说，价格水平上升时，商人发现平均来说，其收入增加的速度与一般

价格水平的上涨速度一致，但他的费用却并非如此，因为在很大程度上费用是由合同固定了的……随后刺激了就业（至少在一段时间内）。[4]

为了详细阐述并以更现代的术语来表达他的分析，让任何可以产生更高支出水平的事情发生——或者更准确地说，比预期更高的支出增长率。生产者首先会将支出的更快增长解释为对其产品实际需求的增长。鞋子、帽子或外套的生产商会发现，他们能够以现有价格销售的商品数量明显增加了。他们中没有人一开始就知道这种变化是只对他产生的影响，还是普遍的影响。正如费雪所言，最初每个生产者都会受到扩大产量的诱惑，同时也会允许价格上涨。但起初大部分未预期的名义需求（即用英镑表示的需求量）的增长将被就业和产出的增长（或更快的增长）所吸收，而不是被价格增长（或更快的增长）所吸收。相反地，不管出于何种原因，让支出水平下降，或不像预期速度那么快地增加，那么每个生产者首先都会把这种放缓至少部分地解释为反映了对他来说某种特有的东西。其结果将部分是产出放缓和失业增加，部分是价格放缓。

费雪描述的是一个动态过程，由支出率在某个平均的趋势或标准水平上波动而引起。他特别强调了区分“一方面是高价格和低价格，另一方面是价格的涨跌”的重要性。[5]他这么说，是因为他写作的时候，物价稳定被视为常态。如果他是在今天写作的话，他会强调通货膨胀率和通货膨胀率变化之间的区别。（可能未来的作家必须强调二阶与三阶导数之间的区别！）重要的区别——很明显这就是费雪所想的——是预期变化和未预期变化之间的区别。

菲利普斯的研究方法

菲利普斯教授的方法恰恰相反。他把就业水平作为启动这一过程的自变量。他把工资变化率当作因变量。他的论点是一个非常简单的分析——我不敢说他头脑简单，但事实证明确实如此——从静态的供需状况来看。他说：

> 当对一种商品或服务的需求相对于供给较高时，我们预计价格会上涨，超额需求越多，上涨的速度越大……这似乎是合理的，这一原则应当是决定货币工资率（即劳务价格）变动率的因素之一。[6]

菲利普斯的研究方法是基于通常的（静态的）需求与供给曲线，如图 1 所示。在交叉点 O，市场在工资率 W_O处达到均衡，此时被雇佣劳动量 E_O等于劳动力需求量。失业为 0——也就是说失业等于摩擦性失业或过渡性失业，或者使用几年前我引用魏克赛尔（Wicksell）

的专业术语，即在它的自然失业率水平。菲利普斯说，在这一点，工资没有向上的压力。接下来考虑 F 点，此处对劳动力的需求大于劳动力的供给。此时存在过度就业，工资 W_F 在均衡水平以下，因此这里存在工资率上涨的压力。在点 U，存在失业，W_U 在均衡水平之上，此时工资率存在下降的压力。劳动力需求量与供给量差别越大，这种压力就越大，工资上涨或下跌的速度就越快。

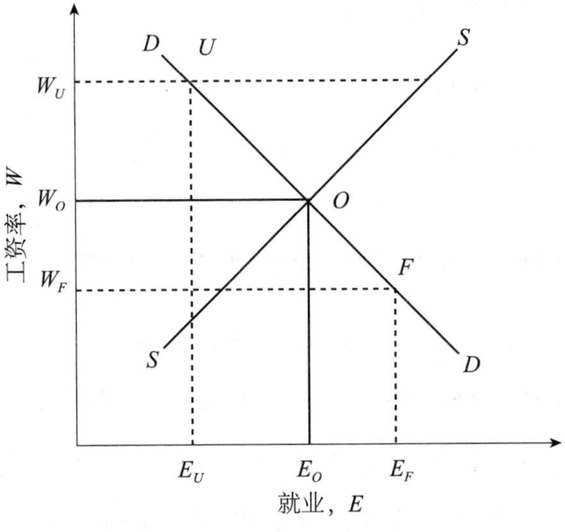

图 1　工资率与就业之间的动态关系

菲利普斯通过设置横轴为失业水平，纵轴为工资随时间的变动率，将上述分析转换为一个直观的关系，如图 2 所示。点 E_O 与图 1 中的 O 点相对应。在该点，失业率处于自然水平，因此工资水平是平稳的（或者在一个增长的经济体中，工资的增长率等于生产的增长率）；点 F 对应于“过度充分”就业，因此工资上涨；点 U 则对应于失业，因此工资下跌。

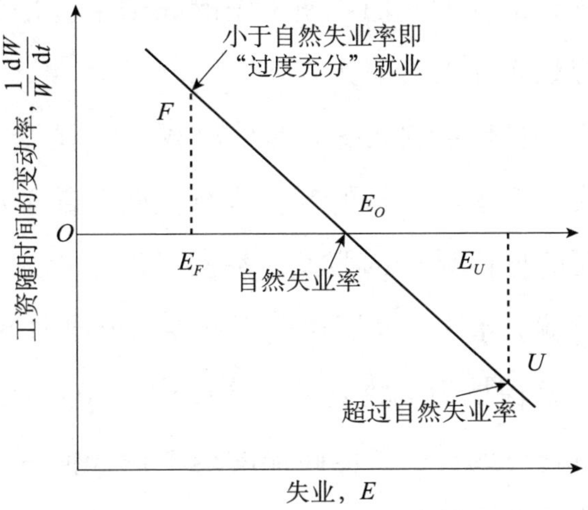

图 2

费雪讲的是价格变动，菲利普斯讲的是工资变动，但对于我们的目的来说，这种差别并不重要。费雪和菲利普斯都理所当然地认为，工资是总成本的重要组成部分，并且价格与工资趋于同时变动。因此，他们的分析都是从工资变动率到价格变动率的变换，这并不困难，而我也应该这样。

菲利普斯分析中的错误

菲利普斯的分析看似非常有说服力而且是显而易见

的，然而这种分析是完全错误的。这是因为并没有经济理论家断言劳动力的需求和供给是名义工资率的函数（即用英镑表述的工资率）。从亚当·斯密到现在的很多经济理论家都告诉我们，图 1 中的纵轴不应是名义工资率，而应是实际工资率。

然而一旦你绘制如图 3 的纵轴 W/P，这个图形将不能对名义工资率或价格的变化进行说明。甚至没有任何可以说明的显而易见的假设。举例来说，考虑图 3 中 O 点。在此就业水平，实际工资不存在向上或向下的压力。但当 W、P 保持为常数或 W、P 每年以 10%的速率上升或下降时，再或者以其他同样的速率做任何变动时，实际工资均保持为常数。

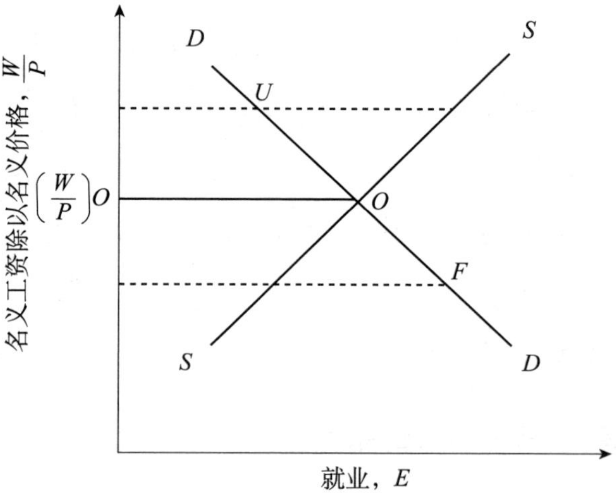

图 3

2. 名义工资与实际工资的凯恩斯混淆

像菲利普斯这样富有经验的人——他无疑是极富经验和观察力的经济学家，怎么会混淆名义工资与实际工资呢？正是由凯恩斯革命所产生的普遍学术氛围导致他混淆两者之间的区别。从这个角度看，凯恩斯革命的一个基本要素是假设价格相对于产出是高度刚性的，因此费雪所考虑的这种需求的改变将会大部分反映在产出上，而几乎不会反映在价格上。价格水平可以被视为一种机构数据。菲利普斯观点的简单解释就是，他假设名义工资的变动等于实际工资的变动。

但这并不是他真正想说的。他所说的稍显复杂，即预期名义工资的变化等于预期实际工资的变化。凯恩斯主义有两个重要组成元素。第一，价格刚性的概念。人们在计划其行为时并不考虑价格变动的可能性，因此将名义工资或名义价格的变化视为实际工资或实际价格的变化。第二，事后实际工资会随着非预期通货膨胀发生改变。的确，凯恩斯主义有关充分就业政策可能性的整体观点，都出于以下假设，即工人（至少在1930年凯恩斯写《通论》时）可能愿意接受由通胀产生的较低实际工资，而不愿接受直接降低的名义工资。[7]

这两个组成元素说明，在预期的名义工资与实际工资和现实的名义工资与实际工资之间存在明显区别。在凯恩斯主义盛行的时期，菲利普斯将这种区别视为理所当然，并认为预期的名义工资与实际工资同时变化是正常的。

我并非因此而批评菲利普斯。科学之所以成为可能，只是因为在任何时候都有一套被认为是理所当然的惯例、观点或想法，而科学家正是在这些惯例、观点或想法的基础上进一步构建理论。如果每个作者都回过头去质疑那些为他们所做的研究打下基础的所有前提，那么研究就不会有任何进展。我认为，一些追随菲利普斯脚步的人应该受到比菲利普斯更多的批评，因为当有人向他们指出这一理论观点时，他们却没有意识到该观点的重要性。

无论如何，正是这种普遍的学术氛围导致菲利普斯从名义工资而不是实际工资的角度思考问题。学术氛围在另一个方面也很重要。众所周知，凯恩斯主义并不完善。它缺乏一个等式关系。菲利普斯曲线的研究方法之所以能够迅速地被接受，是因为人们普遍认为它提供了一个连接实体经济与货币系统所缺失的等式。在我看来，这种信念是错误的。完善凯恩斯主义所需要的是一个决定均衡价格水平的方程。但菲利普斯曲线处理的是价格或工资的变化率与失业率之间的关系。它并没有确定均衡价格水平。无论如何，菲利普斯曲线被广泛接受，并立即被用于政策目的。[8]从政策的角度来看，它仍被广泛用于描述通胀和失业之间的权衡取舍关系。

菲利普斯曲线意味着我们面临抉择。如果我们选择低通胀水平即平稳的价格，我们将不得不接受高失业水平。如果我们选择一个低失业水平，我们就不得不接受高通货膨胀率。

3. 针对凯恩斯主义的反应

在这段历史叙述中出现了三个发展，它们改变了人们的态度，并提出了一些问题。

第一个发展是对凯恩斯主义一般理论的反对，它指出，初始菲利普斯曲线研究方法的谬误在于区分名义工资与实际工资方面。

第二个发展是菲利普斯曲线关系对其他数据失效。费雪发现它对 1925 年之前的美国数据是成立的；菲利普斯发现它对英国长期数据也是成立的。但是当人们将菲利普斯曲线应用到其他地方时，则从未得到好结果。没人能为其他情况构建出适当的经验菲利普斯曲线。我可能有些夸张——无疑是有其他成功例子的；但确实有很多尝试是不成功的。

第三个也是最近的发展是滞胀的出现，这使得许多经济学家基于根据经验拟合的菲利普斯曲线所做出的有关失业与通胀之间的权衡取舍关系的自信观点变得有些可笑。

短期与长期的菲利普斯曲线

实证的失败以及理论上的反对促使人们开始尝试通过区分短期菲利普斯曲线与长期菲利普斯曲线来拯救菲利普斯曲线研究法。由于潜在雇主和潜在雇员都面临一份涵盖相当长时期的隐性或显性雇佣合同，因此，双方都必须事先猜测对于给定的名义工资，实际工资将会发生怎样的变化。因此，双方都必须对未来价格水平形成预期。于是，绘制在供求曲线图纵轴上的实际工资率，不是当前的实际工资而是预期的实际工资。如果我们假设预期价格水平变化缓慢，而名义工资可以迅速变化且只有很短的时滞，那么短期来说，我们能够从本质上还原菲利普斯最初的构想，除均衡位置不再是一个常量名义工资外，名义工资变化率与预期价格变化率（另外，对于增长型经济而言，则为生产率的变化率）是相同的。

随后，供求方面的变动会首先表现为名义工资变化率的变动，这也意味着预期实际工资的变动。当前价格的调整速度可能与名义工资的调整速度一样快，甚至更快，因此收到的实际工资可能与名义工资的变动方向相反，但预期实际工资则与名义工资的变动方向相同。

将上述方法用菲利普斯曲线进行描述，即将纵轴设为名义工资变化率减去预期价格变化率，而不是名义工资变化率，如修订后的图 2（即图 4）所示，其中 $\left(\frac{1}{P}\frac{\mathrm{d}P}{\mathrm{d}t}\right)^{*}$ 代表预期价格变化率，被（$1/W$）（$\mathrm{d}W/\mathrm{d}t$）所减。相对于菲利普斯曲线，这条曲线所呈现的更像是费雪的原始设定。假设经济初始点为 E_O，此时价格与工资都是稳定的

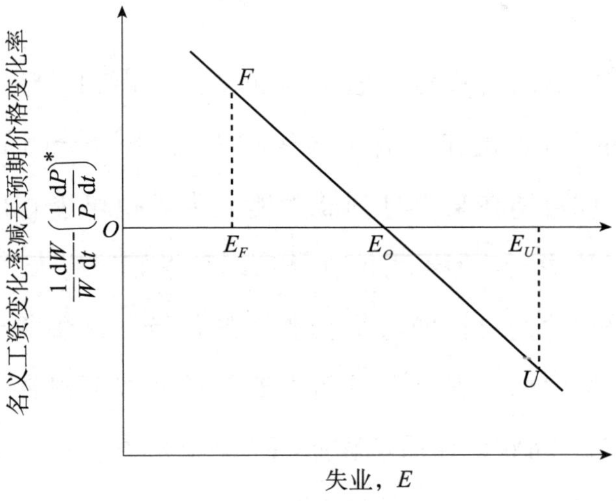

图 4

（从增长中抽象出来）。如果进行货币扩张，那么名义总需求增加，这反过来引起物价与工资以某种比率增加，例如每年 2%。工人最初会将这视为实际工资的上升——因为他们仍然预期物价水平不变——因此愿意提供更多的劳动（使得劳动供给曲线上移），即就业增加、失业下降。雇主可能对总体价格水平和工人有相同的预期，但他们更关注他们生产的产品价格，并对此有更好的了解。他们最初会将其产品的需求增加和价格上涨解释为相对价格的上涨，且意味着他们必须支付以产品衡量的实际工资率的下降。因此，他们愿意雇用更多的劳动力（需求曲线向下移动）。综合起来的结果是向 F 点移动，F 点对应于“过度充分”就业，伴随有名义工资以每年 2%的速度上涨。

但随着时间推移，雇主与雇员都意识到了整体价格水平的提升。正如亚伯拉罕・林肯（Abraham Lincoln）所说，你可能在某个时刻欺骗所有人，也可能在所有时刻欺骗某些人，但不可能在所有时刻欺骗所有人。结果，他们提高他们对预期通货膨胀率的估算，这将减少预期实际工资率的上涨率，进而沿着需求曲线下滑最终返回至点 E_O。因此，在通货膨胀与失业之间存在一个短期权衡取舍关系，但并不存在长期的这类关系。

正如我刚才通过将价格预期纳入菲利普斯曲线，我含蓄地回避了近年来有关菲利普斯曲线争议的一个主要问题。由于最近的滞胀经历以及理论分析，所有人现在都承认，表面上的短期菲利普斯曲线具有误导性，它严重夸大了短期的权衡作用，但许多人不愿意接受长期权衡取舍为零的观点。

我们可以通过将价格预期纳入菲利普斯曲线这一不同的方法来验证这个观点。图 5 将名义工资变化率设为纵轴，但包含一系列不同的曲线，每条曲线都代表一种预期工资增长率。将菲利普斯曲线关系用代数方法表述，可写成：

$$\frac{1}{W}\frac{\mathrm{d}W}{\mathrm{d}t}=\left(\frac{1}{P}\frac{\mathrm{d}P}{\mathrm{d}t}\right)^{*}=f(U) \tag{1}$$

其中，U 指的是失业，我们可以将上式写为一般形式，即：

$$\frac{1}{W}\frac{\mathrm{d}W}{\mathrm{d}t}=f\left[U,\left(\frac{1}{P}\frac{\mathrm{d}P}{\mathrm{d}t}\right)^{*}\right] \tag{2}$$

现在假设，有一个事件冲击使得经济均衡移动到 F 点，此时工资以每年 2%的速率增长，同时失业率低于自然失业率水平。随后，由于人们调整了对通货膨胀的预期，菲利普斯曲线将向上移动，并最终停留在预期通货膨胀率等于当前通货膨胀率的短期菲利普斯曲线上。现在的

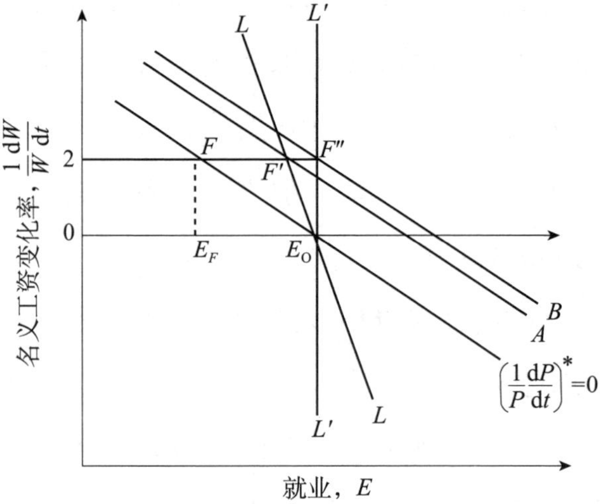

图 5

问题变为菲利普斯曲线是否像图 5 中的 A 曲线一样，使得长期菲利普斯曲线就如同图 5 中的 LL 曲线一样具有负的斜率，在这种情况下，2%的预期通货膨胀率将仍然会降低失业水平，即使不会使之低至 2%的非预期失业率；或者菲利普斯曲线是否像图 5 中的 B 曲线一样，使得长期的菲利普斯曲线是垂直的，也就是说，预期通货膨胀率为 2%时的失业率与预期通胀率为 0 时的失业率是相同的。

4. 不存在长期货币幻觉

七年前，我在美国经济学会（American Economic

Association）的主席演说中提出，长期菲利普斯曲线是垂直的，这在很大程度上是基于我已经在这里概述过的理由：事实上，长期货币幻觉是不存在的。[9] 在几乎同一时期，现任哥伦比亚大学的教授菲尔普斯（E. S. Phelps）在不同却又相关的领域提出了相同的假说。[10] 这个假说被称为“加速主义”假说，或者“自然率”假说。它之所以被称为加速主义，是因为试图将失业率维持在长期菲利普斯曲线水平截距以下的政策，必然会导致加速的通货膨胀。

假设从图 4 中的 E_O开始，当没有人预期到任何通货膨胀时，那么政策目标就是更低的失业水平，如 E_F点。如图所示，对应于无通胀预期，沿着菲利普斯曲线移动，则可以通过最初产生 2%的通货膨胀来实现这一目标。但也正如我们所见，经济均衡不会停留在 F 点，因为人们的预期会发生变化，而且如果通货膨胀率维持在 2%，那么经济将会回到其初始的失业水平。唯一能将失业率维持在自然失业率水平以下的方法是通过不断加速的通货膨胀，它总是使当前的通货膨胀高于原来预期的通货膨胀。这些分析与你们在英国实际观测到的任何相似之处并非巧合：最近英国政府试图保持失业率低于自然失业率，为此它们不得不加速通胀——根据官方统计数据，通胀率已从 1964 年的 3.9%上升到 1974 年的 16.0%。[11]

对“自然失业率”的误解

由于对自然失业率的重视，这一假说后来被称为“自然失业率”假说。“自然失业率”这一术语被误解了。它并不是指失业率的最低限度，而是指与劳动力市场实际现状一致的就业率。通过消除劳动力市场的障碍、减少摩擦可以降低自然失业率，而通过引入额外的市场障碍则可以提高自然失业率。这一概念旨在区分就业状况的货币因素和非货币因素——这与魏克赛尔用“自然”一词来描述利率有着相同的目的。

在过去几年，大量的统计研究围绕长期菲利普斯曲线是否是垂直的这一问题进行了检验，并且争论仍在进行中。

大多数研究的开展都是通过将等式（2）改写为：

$$\frac{1}{W}\frac{\mathrm{d}W}{\mathrm{d}t}=a+b\left(\frac{1}{P}\frac{\mathrm{d}P}{\mathrm{d}t}\right)^{*}+f(U)$$

或者

$$\frac{1}{P}\frac{\mathrm{d}P}{\mathrm{d}t}=a+b\left(\frac{1}{P}\frac{\mathrm{d}P}{\mathrm{d}t}\right)^{*}+f(U) \qquad (3)$$

其中，等式左边是工资变化率或价格变化率。问题是 b 值的确定。[12] 最初的菲利普斯曲线的基本假设是 $b=0$；加速假说则假设 $b=1$。我参考的各种检验所使用的观测数据大多是时间序列数据，并以此来估算 b 的值。[13] 几乎所有的检验得出的 b 值都小于 1，这说明存在长期的权衡取舍。[14] 然而，这些检验存在许多困难，其中一些是表面的，而另一些是深层次的。

一个明显的统计上的问题是统计拟合曲线在不同的拟合时期并不相同，而且对于拟合之后的时期产生了非常不可靠的推断。因此，尽管目标是测量长期关系，但是统计结果实际上测量的是短期关系。这里的关键问题是，为了进行统计检验，有必要对预期的通货膨胀率进行度量。因此，每一个这样的检验都是对加速主义假说和关于预期形成的一个特定假说的联合检验。

5. 适应性预期假说

绝大多数统计性检验体现了所谓的“适应性预期假说”，该假说在许多问题上都行之有效。它认为，预期是根据当前通货膨胀率与预期通货膨胀率的差异而修正的。如果预期通货膨胀率是 5%，而当前通货膨胀率是 10%，那么预期通货膨胀率将由于 10%和 5%的差异而向上修正。众所周知，这意味着预期通货膨胀率是过去通货膨胀率的指数加权平均数，其权重随时间的推移而下降。

因此，即使按照它们自己的术语，对于这些结果也可以有两种不同的解释。一是长期菲利普斯曲线不是垂直的，而是负斜率的。另一个是长期菲利普斯曲线并不是一个令人满意的用以度量人们预期的方法。

有关这些等式更为微妙的统计问题是，如果加速假说是正确的，那么这些结果要么是对短期曲线的估计，要么在统计上是不稳定的。假设 b 的真值为 1，那么在当前通货膨胀率等于预期通货膨胀率，也就是长期曲线的定义时，可得到如下等式：

$$f(U)=-a \tag{4}$$

这是一条垂直的长期菲利普斯曲线，其 U 值满足自然失业率水平。任何其他的 U 值要么反映短期均衡位置，要么反映自然失业率中的随机成分。但是它在估算过程中把 $(1/P)(\mathrm{d}P/\mathrm{d}t)$ 放在等式左边，把观测到的不同失业率视为外生的，好像它们可以无限期地持续下去。但是通过上述方法根本无法推导出等式（4）。事实上，失业率能够取不同值的隐性假设，回避了加速假说提出的整个问题。从统计的角度来看，这个方法需要在等式左边设定 U 值或 U 的函数，而并不是 $(1/P)(\mathrm{d}P/\mathrm{d}t)$。

6. 理性预期

最近，美国的一些经济学家提出了更为根本的批判。这种批判源自约翰·穆斯（John Muth）关于理性预期的一篇重要文章。理性预期方法已经在卡内基-梅隆大学（现芝加哥大学）的罗伯特·卢卡斯（Robert Lucas）、明尼苏达大学的汤姆·萨金特（Tom Sargent）以及其他一些人最近的文章中得到应用。[15]

这一批判指出，不能严格承认人们的预期形成是依据对过去经验进行权数固定的加权平均——或者任何其他与通货膨胀实际产生方式不一致的理论框架。例如，让我们假设当前的价格如图 6（a）所示，通货膨胀正在加速。如图 6（b）所示，如果采用固定指数加权法（即指数之和为 1），那么所得到的预期通胀率总是滞后的。形成预期的人并不傻，至少其中一些不傻，他们不会一直错下去。更为普遍的是，他们不会仅仅依据过去的价格历史形成其预期。在座各位是否有人对明年通胀的预期独立于即将到来的英国大选结果？这在过去的价格记录中没有被报道过。通胀预期会独立于即将上台的政党所宣布的政策吗？因此，穆斯说，我们应该假设人们是基于一个正确的经济理论形成他们的预期：这一理论并不仅在他们的个案中是正确的，而是在任何一段较长时间内，他们的预期一般来说都是正确的。有时，这将导致在适应性预期的基础上形成预期，但并不总是这样。

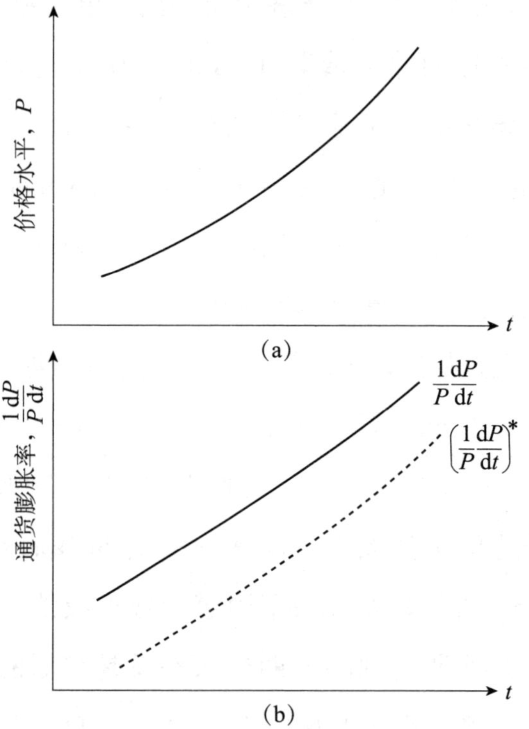

图 6

如果你将这个想法应用到当前问题，那么结果是，如果现实世界是人们根据理性预期形成的期望，那么在普遍意义上他们是正确的。再假设他们以固定权数对过去进行加权平均形成期望，那么等式（3）中的 b 值将会小于 1，即使其真实值应该等于 1。

考虑在这个世界里有一条垂直的长期菲利普斯曲线，人们理性地形成他们的期望，因此，从普遍意义上来看，在长期内，他们所期望的就是即将要发生的。在这样一个世界，统计学家假设人们通过对过去的经验进行固定权数加权平均来形成他们的预期，并在此基础上对等式（3）进行估值。他会发现什么呢？结果是，他发现 b 值小于 1。当然，出现这一结果并不能证明包含适应性预期的统计检验是错误的，它只是提供对检验结果的另一种解释。

在一系列有趣且重要的论文中，卢卡斯和萨金特[16]探索了理性预期假说的含义，并试图在没有引入可能具有误导性的适应性预期假设下，展开长期菲利普斯曲线斜率的经验检验。

他们的经验检验使用的是不同的信息。例如，理性预期假说的一个含义是，在一个物价波动很大的国家，预期对当前通胀率变化的反应将比物价相对稳定的国家快得多。由此可见，在第一个国家观察到的短期菲利普斯曲线将比第二个国家更为陡峭。使用这种方法进行国家间的比较以及其他检验，目前看来似乎同任何理性人的期望是一致的，即因为你不能在所有时刻欺骗所有人，所以长期的菲利普斯曲线是垂直的。

7. 对理论与政策的启示

证据并不全面，我所参考的文章有些尚未出版，有些仅在近两三年才出版。因此，我们确实不能认为问题已经解决。尽管如此，但值得注意的是，这个观点不仅对菲利普斯曲线问题有着深远的影响，而且对政策也有着深远的影响。

对政策的一个强有力且重要的影响是，如果你认为人们在理性基础上形成预期，那么固定的货币或财政政策除了将使你实现自然失业率之外，不能使你实现任何其他目标。并且你是知道原因的，因为——回到我最初对菲利普斯曲线的分析上——减少失业的唯一方法是通过未预期的通货膨胀。

如果政府遵循任何固定规则，只要人们知道这一规则，他们就会将它考虑进去。结果是，除了自然失业率，你不能用任何固定规则来实现失业率目标。要做到这一点，唯一的办法就是你一直比其他所有人更聪明，并且连续不断地制定新规则，并使用这些规则一段时间，直到人们完全了解规则为止，然后你必须再制定一套新的规则。但这似乎不大可能。

这个分析为我们中一些人长期坚持的观点提供了一种完全不同的学术背景：与人们合作，告知他们你将要做什么事情，从而给他们一个判断的基础，而不是愚弄他们，才是比较好的政策方法。萨金特或卢卡斯的观点及分析真正表明的是，如果你认为你能够愚弄他们，实际上你是在愚弄自己。

这正是当前的争议所在。我可以总结性地说，不会再有经济学家还相信最初提出的幼稚的菲利普斯曲线。现在争论已经进入第二个阶段，在这个层次上，每个人都同意长期的菲利普斯曲线比短期的菲利普斯曲线更加陡峭。唯一的争论在于长期菲利普斯曲线是否是垂直的或者是否不那么垂直。这里的证据并不十分全面。但据我所知，有一系列分析和推理的方法可以让你用于解读，所有现存的证据都是基于长期垂直菲利普斯曲线的假设。

8. 补充：关于工会和通货膨胀的问答

维尔弗雷德·布朗勋爵［LORD（Wilfred）Brown］： 在所有这些等式里，工会的权力能被排除在外吗？

弗里德曼教授： 我要引用另一位著名的美国作家的话来回答，他并不是经济学家而是一位幽默的作家，他说："人类的困扰并不是无知，而是他们所知道的并非事实。"工会在决定自然失业率水平方面发挥着重要的作用。它们在剥夺社会中一些阶层相对于另一些阶层的机会中更为重要。它们在劳动力结构以及相对工资结构方面也发挥了非常重要的作用。尽管表面上相反，但既定的工会权力在日益恶化的通货膨胀中没有发挥任何作用。事实是，如果一个相对弱的工会变强大，那么在这个从弱变强的过程中，工会可能会给通货膨胀施加一个暂时性的影响。在这个过程中它们将提高工会会员的实际工资，从而降低工会所在领域的就业水平。由于政府有一项充分就业的政策，并对整体的失业水平很敏感，它将采取扩张性政策，促使货币需求水平上升。这能够使价格暂时上升到一个新的水平，但不会导致持续性的通货膨胀。届时，强大的工会将获得新的实际工资水平，各个行业的就业将重新调整。

对于如此显而易见的事情，应该用更广泛的经验进行评判。如果 A 生产 B，那么在有 A 的地方，就应该有 B。如果 A 是生产 B 的唯一要素，那么在有 B 的地方，也应该有 A。如果你看看周围的世界，根据你们（英国）的经验，以及我们（美国）的经验，你会发现在很多时期，当有强大的工会存在时，就不存在通货膨胀，当没有工会时，就会存在严重的通货膨胀。从历史上看，在强大的工会与通货膨胀之间不存在简单的一一对应关系。

让我按照我的看法来解释这个论点中的谬误。我想你们会同意，强大的工业垄断不会导致通货膨胀；垄断的产品相对价格较高但是产量较低。如果一个垄断厂商变得更强，或者垄断取代了竞争，那么在从竞争走向垄断的过程中，产品的相对价格将会上升而产出则会减少。如果不能吸收在这一过程中被解雇的工人，价格水平可能会再次出现一次一劳永逸地上涨，但不会出现连续的通货膨胀。

为什么工会是不同的呢？人们认为，因为工会并不是利益最大化组织。但这并不是真正的原因。工会行为并不是完全随机、不稳定的；无论工会是什么，它的行为都会受一些目标的影响。你一定会问：存在均衡的实际工资吗？对这个问题的分析表明，那些旨在证明工会应对通货膨胀负责的更为复杂的论点是错误的。

假设所有工会协定的期限为三年，而且不论何时谈判，协定中都包括一项关于生活费用100％调整的规定。然后工会就会真正对实际工资进行谈判。强大的工会怎么会在这种情况下制造通货膨胀呢？不可能。一个强大的工会可能会制造社会冲突，可能会使工人失去工作，可能会创造失业。如果它变得更强，那么由于它推高了实际工资水平，在其所在领域的雇工数量将会随着实际工资的提升而下降。在这个过程中，由于存在一些不用降低工资而吸收失业工人的政策，工会将造成短暂的通货膨胀，但不会造成持续的通货膨胀。

可以说，我被在英国广泛流传的这种观点彻底地震撼到了，即你可以用价格协议和工资管制来打压工会力量，也可以使用你不准备直接公开使用的诡计和非直接的方法来打压工会力量。

马克·布雷迪（Mark Brady）：通货膨胀通过导致资源配置不当和投资不当来提高自然失业率水平，以至菲利普斯曲线向右弯曲而不是垂直的，出现这种情况的可能性有多大？

弗里德曼教授：这是一个很难回答的问题。关键问题是，通货膨胀是开放的还是受到抑制的。如果通货膨胀是开放的——没有被限制——那么就没有理由导致不当投资。通过诱导人们持有比平时更少的现金余额，诱导人们把资源浪费在用金钱可以完成的体力劳动上，以此产生资源错配。这将使得实际收入水平低于原来的水平，但它不可能改变就业或失业水平。这是不同的问题。

为了确定对就业的影响，你必须知道的是，代替资金运作的活动在劳动力市场的运行相对于其他产业是否具有不同的摩擦特征。

同样地，经济增长率将怎样变化并不明了。高通胀下的产出水平总是低于低通胀下的产出水平，但这并不意味着产出不会以同样的比率增长。

实际上，通货膨胀不太可能是开放的。在我看来，采取抑制通货膨胀的措施比采取放开通货膨胀的措施造成的危害要大得多。因此，如果你真实地考虑不同的通胀率，那么我相信你说的是正确的，不是因为通胀，而是因为通胀率越高，政府干预市场的范围可能就越大。实际上，这种干预相当于增加劳动力市场的摩擦和障碍，因此往往会造成更高水平的失业。这就是为什么当记者或其他人问到减少通货膨胀的代价是产生多少失业时，我对他们说，你上次打败你妻子是什么时候？不战胜通货膨胀又要付出多少失业代价？

你一定不能被幼稚的菲利普斯曲线方法带偏，而且假设这里确实存在一个权衡取舍关系。鉴于对应于不同的通胀率，政治和经济结构均会进行自我调整，如果通货膨胀持续加速，那么不管怎样，都会面临更高的失业率。因此，你希望失业以何种方式到来呢？你只能二选一。你是希望它在你状况变得不好时到来？还是状况变好时到来？

问题（提问者身份未知）：你如何把下面的情况和你刚才所说的协调起来？假设你的工厂或企业雇用了2万名工人，工会正在施加压力要求提升工资水平，而政府控制着产品的销售价格。有一天你的企业对政府说："除非给我们补贴，否则我们不会再生产这个产品了。"这种通胀难道不是由减少生产或者提供更多的补贴而推动的吗？

弗里德曼教授：补贴本身并不是通货膨胀。如果补贴是通过印钞的形式进行的，那么其结果将是通货膨胀。而如果补贴是通过对其他人征税进行的，则不会产生通货膨胀。

我并不是说强有力的工会的存在可能不是通过各种手段影响货币政策的因素之一。但从这个角度来看，它仅仅是众多影响因素之一。造成通胀的并不是工会，也不是垄断雇主，而是货币数量的变化。任何其他影响货币数量的因素都会产生同样的效果。

而且，进一步来说，比起谈论你们的国家，我能更自信地谈论我自己的国家。在我们国家，我们在这里讨论的这一理论可能性——即工会造成的失业将引起政府方面的反应，从而导致通货膨胀——从经验上来看并不是通货膨胀的根源。美国的经验是，工会工资往往滞后于通胀，而不是先于通胀。几乎所有的工会对抗都是一种追赶。工会被指责为通货膨胀的罪魁祸首，就像你们国家的政府把通货膨胀归咎于石油价格一样。每个政府都在为其自身的过失寻找替罪羊。这就是在我的国家所发生的，也是在英国所发生的。

我怀疑，在实践中，很大一部分通胀问题是由恶意的工会所导致的这一说法。无疑，工会有很多恶意行为；我不会说没有。我一点也不打算为工会辩护，而且我认为它们的确造成了很大的危害。但我相信，我们用不好的理由来实现好的目标是没有好处的。我们应该勇敢地面对有关工会的正确政策问题，是基于以下相关理由：它剥夺了人们以最有效的方式利用资源的机会，并且使得英国普通民众的生活水平低于之前的水平，但并不是出于一个完全错误且不相关的理由，即在某种程度上，工会是货币和通货膨胀的制造者。

这并不是说，我们所面对的是一个全新的现象。通货膨胀已经伴随我们有 2 000 年之久。早在戴克里先时代，通货膨胀就不是由强有力的工会导致的！更不用说历史上几乎没有任何一次通货膨胀是由此造成的。

在英国和美国，无论压力是否来自工会，每个商人都认为通货膨胀由工会或者工资压力产生。这归咎于合成谬误，也就是说对于个体来说是正确的往往对于由个体合成的整体来说是相反的。例如，单个人在两秒钟内可以从房门走出去，但如果每个人都试图同时立刻从房门出去，是不可能的。同样的道理，雇主提高产品价格的压力来自工资及成本的上涨。在他看来，由于工资和成本的增加，雇主不得不提高产品价格。对他自己而言，这明显是正确的，但成本的上涨又源自何处呢？它来自供给体系中其他地方的某些人正在增加需求，这会吸引雇主的劳动力或其他资源，使其不得不在市场中竞标以保全这些资源。

在《大学经济学》[17]（*University Economics*）中，阿尔奇安（A. A. Alchian）教授及艾伦（W. R. Allen）教授有一个极其精彩的小寓言，我认为它很好地说明了事实。让我们假设，在一个其他一切都很好的国家，突然出现了一股增加肉类消费的热潮，所有的家庭主妇都跑到肉店去买肉。屠夫们很乐意把肉卖给她们。屠夫一点也没有涨价，只是把所有的肉卖光，但是他们会向批发商追加额外的订单。批发商也很愿意卖肉给屠夫们，他们清空所有的存货，并返回加工包装车间。加工包装车间将肉运出。此时，价格没有改变，但是加工包装车间向其在活牛市场的买手发送指令："买入更多牛"，而牛的可供应数量是固定的。接下来将会发生的是，在每个加工包装车间都试图买入更多牛肉的过程中，他们抬高了牛肉价格。然后加工包装车间会通知批发商，"很抱歉，由于成本的增加，我们不得不提高牛肉价格。"同样的声明从批发商传递到零售商。当顾客前来抱怨牛肉价格的上涨时，零售商将对顾客抱歉地说，"实在抱歉，但我的成本提高了”。他是正确的，但沿着这条线追溯，是什么启动了成本的增加呢？是家庭主妇争相买肉引起的。

几乎同样的道理，每个商人都对通货膨胀的诱发过程存有误解。从他的角度来看，他是正确的——价格上涨的压力来自成本增加。如果恰巧那时有工会，商家就会将其归因于工会的压力。如果那时没有工会，他就会把它归因于其他使价格上升的动因——也许是糖在世界范围内的短缺或阿拉伯人。但事实是，通货膨胀的最终来源始终是需求的增加，而需求增加又以这种或那种方式渗透到通货膨胀中。

注　释

［1］June 1926，pp. 785 - 92. It was reprinted in the *Journal of Political Economy*，March/April 1973，pp. 496 - 502.

［2］“The Relation between Unemployment and the Rate of Change of Money Wage Rates in the United Kingdom，1861—1957”，*Economica*，November 1958，pp. 283 - 99.

［3］Fisher，*op. cit.*，p. 786.

[4] *Ibid.*, p. 787.

[5] *Ibid.*, p. 788.

[6] Phillips, *op. cit.*, p. 283.

[7] J. M. Keynes, *The General Theory of Employment, Interest, and Money* (Macmillan, 1936):“虽然工人通常会抵制货币工资的降低，但当工资这种商品的价格上涨时，他们并不会减少他们的劳动”(p. 9)。“……工人们虽然不自知，但与传统学派相比，他们天生是更理性的经济学家……他们反对削减工资……但是他们不抵制实际工资的减少”(p. 14)。“……因为没有一个工会梦想每当生活成本上升的时候就举行罢工，所以它们不会对古典经济学派所认为的就业总量增加造成任何障碍”(p. 15)。

[8] 例如，Albert Rees, “The Phillips Curve as a Menu for Policy Choices”, *Economica*, August 1970, pp. 227–38，明确地考虑了对下面概述的稳定的菲利普斯曲线的反对意见，但得出的结论是，仍然存在一个应加以利用的权衡。他写道：“从预期的文献中，我能得出的最强有力的政策结论是，政策制定者不应试图在菲利普斯曲线上的某一点采取行动，相反，他们应该允许失业率在一个区间内波动”(p. 238)。

[9] “The Role of Monetary Policy”, *American E-*

conomic Review, March 1968, pp. 1 - 17.

［10］“Money Wage Dynamics and Labour Marker Equilibrium,” in E. S. Phelps (ed.), *Microeconomic Foundations of Employment and Inflation Theory*, Norton, New York, 1970.

［11］“United Kingdom General Index of Retail Prices”, *Department of Employment Gazette*.

［12］这是预期通货膨胀率的系数，也就是说，预期通货膨胀率每变化1%，当前工资或价格就会变化1%。

［13］我可以顺便指出，几年前罗伯特·索洛（Robert Solow）在英国所作的演讲（*Price Expectations and the Behavior of the Price Level*, Manchester University Press, 1969）中就包含了在这方面许多引人注目的尝试。不幸的是，他的测试有一个致命的缺陷。这和当前的事项不相关。为了同时满足成本和需求，他把方程式（3）右边的工资变化率和方程式左边的价格变化率都包括在内。在这个方程式中，即使是在最严格的强假设下，我们仍然不能判定 b 等于1，因为这个等式是一个用于确定价格与工资之间差额的等式。让预期通胀率上涨1%，工资变化率不变，价格上涨会导致价格超过成本，从而刺激产出。因此，在索洛的等式中，严格的加速假说意味着 b 小于1。

［14］托洛维斯基（S. J. Turnovsky）对于这些研究的简要总结，"On the Role of Inflationary Expectations in a Short-Run Macro-Economic Model"，*Economic Journal*，June 1974，pp. 317－37，especially pp. 326－7。

［15］John Muth，"Rational Expectations and the Theory of Price Movements"，*Econometrica*，July 1961，pp. 315－35；Robert E. Lucas，"Econometric Testing of the Natural Rate Hypothesis"，in Otto Eckstein（ed.），*The Econometrics of Price Determination Conference*，Board of Governors of the Federal Reserve System and Social Science Research Council，Washington，1972，"Econometric Policy Evaluation：A Critique"，Carnegie-Mellon University Working Paper，1973 and "Some International Evidence on Output-Inflation Tradeoffs"，*American Economic Review*，June 1973，pp. 326－34；Thomas J. Sargent，"Rational Expectations，the Real Rate of Interest，and the 'Natural' Rate of Unemployment"，*Brookings Papers on Economic Activity* 2，1973，pp. 429－72；and Thomas J. Sargent and Neil Wallace，" 'Rational' Expectations，the Optimal Money Instrument and the Optimal Money Supply Rule"，*Journal of Political Economy*，April 1974.

[16] 见注释 15。

[17] Third edn, Wadsworth, Belmont, California, 1972; international paperback edn, with a new Introduction by A. J. Culyer, Prentice-Hall, Hemel Hempstead, Herts., 1974, pp. 95 - 7.

五、通货膨胀和失业：政治学的新维度*

1968 年，当瑞典国家银行设立“纪念阿尔弗雷德·诺贝尔经济学奖”时，毫无疑问，当时以及现在的科学家或者是更为广泛的公众，对于是否应该将经济学与物理学、化学、医学相提并论存在着普遍的质疑。后者是所谓的“科学”，其所包含的知识是客观的、累进的、可定义的。而经济学，以及与它同类的社会科学，都被视为更接近于哲学的分支而非严格意义上的科学学科，因为它一开始是用来分析人类行为的。社会科学的学者们对自己和同伴们的行为进行分析，其同伴们反过来又对学者们的观点进行观察和反馈。那么难道社会科学不需

---

* 1976 年 12 月在瑞典斯德哥尔摩纪念阿尔弗雷德·诺贝尔经济学奖上的演讲，最初刊登于 IEA Occasional Paper No. 51（1977）。

要有与物理学和生物学完全不同的调研方法吗？难道它不应该按不同的标准来评判吗？

1. 社会科学和自然科学

我本人从未认同过以上观点，我认为它所反映的与其说是对社会科学的特征和可能性的误解，不如说是对自然科学的特征和可能性的误解。两者都没有某些实质性的知识，只有一些永不能被证实而只能不被否定的初步假设。这些假设可以被信赖的程度取决于它们所包含的经验的深度，并与该假设本身的复杂程度及备择假设相关，还与它不被否定的概率相关。无论是社会科学还是自然科学，伴随着一个初步假设的失败，该假设用于预测它声称要进行解释的现象；进而对这个假设进行修正，直至一些人提出的新假设能够更加简练地涵括那些麻烦的现象，如此循环反复，积极的知识体系逐渐壮大起来。对于二者，有时可以进行实验，有时则无法进行实验（例如见证气象学）。对于二者，没有一项实验是永远完全可控的，而经验往往与可控实验一样，能提供科学依据。二者都不是一个独立的封闭性系统，或者都不能避免观测者与被观测者之间的相互作用。数学当中的哥德尔定理、物理学当中的海森堡测不准原理、社会科学当中的自我实现预言或者自我挫败预言，都能证明这些局限性。

当然，不同的科学家研究不同的学科问题，利用不同的证据（例如，与自然科学相比，自省对于社会科学而言是一项更为重要的依据来源），发现不同的最为有效的分析技术，在对他们所研究的现象进行预测时获得不同的成果。但是这些介于物理学、生物学、医学和气象学之间的差别，与介于它们中任何一门学科与经济学之间的差别都是一样大的。

甚至区别价值判断和科学判断这个难题也不是社会科学所特有的。我清楚地记得在剑桥大学学院的一次晚餐，当时我正坐在一位经济学家同事和罗纳德・A. 费雪（R. A. Fisher）这位伟大的数理统计学家及遗传学家中间。这位经济学家与我谈起一位他指导的劳动经济学学生，这位学生正在分析工会的效力问题并评论道："X先生（另一位不同政治派别的经济学家）一定不会对此表示赞同。"我的同事认为这是对经济学极为严重的责难，因为这说明价值中立的积极的经济学是不可能存在的。我为此求助于罗纳德先生，并问他这种事情是否仅发生于社会科学，他激动地否定了，随后一个故事接一个故事地讲述了他是如何准确地从政治学观点中推断出遗传学观点的。

我的一位伟大导师卫斯理·C. 米切尔（Wesley C. Mitchell）使我铭记为何学者们对于寻求一个价值中立的科学充满着渴望，无论他们的价值观如何，也无论他们有多极力地希望传播和发展其价值观。为了介绍一种方法以达到特定目标，我们必须要先知道这个方法是否能够实际推进该目标的实现。积极的科学知识能使我们预测一种行为过程可能导致的后果，它无疑是对于该项行为过程是否可取进行规范判断的先决条件。通往地狱的路铺满了善意，恰恰是因为忽视了这一明显的观点。

这一点在经济学中尤为重要。今天，世界上的许多国家正在经历具有社会破坏性的通货膨胀、不正常的高失业率、经济资源的滥用。有时，对人类自由的镇压并非是恶人故意达到这些目的，也并非民众之间的价值观差异，而是因为对政府政策工具所导致结果的误判：至少在原则上，那些错误能在实证经济学的发展中得以更正。

然而，我并非要在摘要[1]里探索这些问题，我将通过讨论一个在整个战后时期备受经济学界关注的主要经济问题，也就是通胀与失业率之间的关系问题，以阐述经济学积极的科学特征。这是一个极好的例证，因为在整个战后时期，它是一个有争议的政治问题，然而在已被接受的专业观点中发生的戏剧性变化主要是产生于对经验的科学回应，而这与被初步接受的假设是相矛盾的——准确地说，这是对一项科学假设进行修订的经典过程。

在此，我不能对已完成的有关这个问题的调查和已被用于修订假设的调查依据进行彻底调研。我只能触及表面，并希望能展现调研工作和取证的乐趣，同时指出需要进行更加深入调研的主要问题。

有关通货膨胀与失业之间关系的专业争议，及有关货币因素、财政因素和其他因素在影响总需求方面发挥的相对作用的争议交织在一起。前者用以解释名义总需求是如何通过就业和价格水平的改变而产生变化以及怎样变化的，后者研究的则是影响名义总需求变化的因素。

这两个问题密切相关。名义总需求的变化对就业、价格水平的影响也许与引起变化的原因相关，反过来，货币因素、财政因素或者其他因素对名义总需求的影响又取决于就业和价格水平如何反应。显然，全面的分析应该将这两个问题联系起来考虑。然而在这两者之间有一个重要的独立方法。粗略地说，对于就业和价格水平的影响也许仅仅与名义总需求变化的幅度有关，而并非与变化的原因有关。对于这两个问题，今天的专业观点已经与二战刚结束后的观点大不相同了，因为经验否定了最初被接受的假设。因而，任一问题都可以用来阐明我的主要观点。我在此只选择一个问题以确保这一章的讲解在合理的范畴内。我已经选择了只通过通货膨胀和失业之间的关系来阐述我的观点，因为最近的经验让我觉得与对使得名义总需求发生变化进行动因分析的前期工作相比，在这个问题上，我的前期工作在充分性上不那么令人满意。

2. 第一阶段：斜率为负的菲利普斯曲线

有关通货膨胀和失业之间关系的专业分析自二战以后已经经历了两个阶段，现在正进入第三个阶段。第一阶段：对菲利普斯假设的接受，即失业水平和工资变化率之间存在稳定的负相关关系——高失业伴随着工资水平的下降，低失业伴随着工资水平的上升。[2]相应地，当考虑到生产力的长期增长性，且认为价格超过工资成本的部分是由基本稳定的价格加成因素导致的时，工资水平的变化又和价格水平相关联。

图 1 描述了这个假设，在此我采用了常规的做法，将失业与价格的变化直接关联起来，减少了通过工资水平这一中间步骤。

这种关系被普遍认为是一种因果关系，它能够为政策决策者们提供一种稳定的权衡取舍方法。他们可以选择较低的失业目标，比如 U_L。在这种情况下，他们不得不接受水平为 A 的通货膨胀率。还有一个问题是政策工具的选择（货币政策工具、财政政策工具或其他政策工具），由此产生的名义总需求水平可以使得失业目标达到 U_L，但当政策工具选定以后，就不必再维持失业水平与通货膨胀水平之间的组合关系了。或者，决策者们可选择低通货膨胀率，甚至是通货紧缩作为政策目标。在这种情况下，他们就只能接受高失业水平：U_O表示零通货膨胀率，U_H表示通货紧缩。

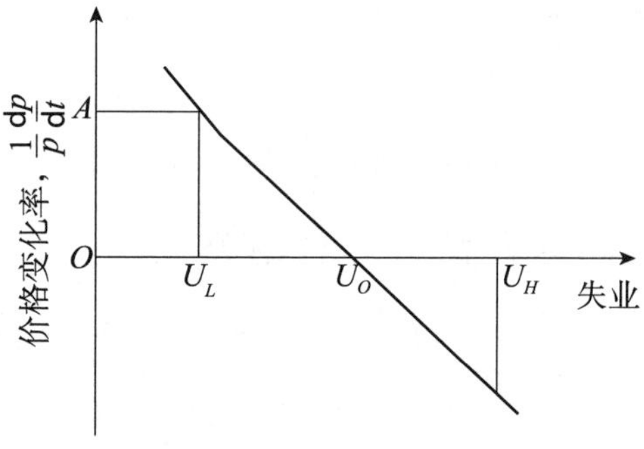

图 1　简单菲利普斯曲线

随后，经济学家们便开始忙于从各个国家各个时期的数据中提取图 1 所描述的这种关系，排除外部干扰因素的影响，以阐明工资水平变化与价格水平变化之间的关系，等等。此外，他们一方面从通货膨胀的角度，另一方面从失业水平的角度探究社会损益，以促进决策者们进行“正确”的权衡。

遗憾的是，补充的证据未能与该假设相符，菲利普斯曲线关系的实证计量结果并不令人满意。更重要的是，看上去与某一失业水平相符的通货膨胀率，其实并非固定不变：在第二次世界大战的战后时期，政府四处搜寻能促进“充分就业”的方法，而任何一个国家的通货膨胀率一直呈上升趋势，且国与国之间差异巨大。从另一个角度来看，早期与低失业水平相关联的通货膨胀率，在那时却伴随着高失业水平。高通货膨胀和高失业水平共存的这种现象引起了公众和学术界的关注，并被贴上了“滞胀”的标签。

有些人从一开始就对稳定的菲利普斯曲线的有效性持怀疑态度，主要是理论上而非实证领域的质疑。[3]我们认为对于就业真正重要的不是以美元、英镑或者克朗计算的名义工资，而是实际工资——能用于购买商品和服务的工资。如果价格水平仍然较低，那么低失业水平将确实意味着一种较高实际工资水平的压力——即使名义工资水平较低，实际工资水平也可能较高。同样地，如果价格水平仍然较高，那么高失业水平将确实意味着一种较低实际工资水平的压力——即使名义工资水平较高，实际工资水平也可能较低。

在此，并不需要假设一条稳定的菲利普斯曲线来解释通货膨胀的加速会降低失业水平这一显而易见的趋势。这可以用市场名义需求的未预期变化的影响来解释，而该市场以（隐性的或显性的）长期资本和劳动契约为特征。雇主为获得被雇佣者信息所支付的成本、可替代的就业机会，以及特殊人才的资本投入可用于解释长期劳动契约。特殊人才的资本投入可使得被雇佣者的价值对某位特定的雇主而言，随着时间的增长而增长，并超越特殊人才对于其他潜在雇主的价值。

只有未预期的变化会产生影响。如果每个人都预测价格将会以每年20%的速度上涨，那么接下来这种预测就将体现在将来的工资（或其他）合约中；如果每个人都预测将来价格不会上涨，那么实际工资则会准确地按其应有的变化而变化，并且20%的通货膨胀率只与失业率水平为0有关，与其他失业率水平无关。未预期的变化有着很大的差异，尤其是在长期契约中，其本身在某种程度上就是知识不完全的结果，而长期契约随着时间的推移又提高和扩大了这种影响。长期契约意味着，首先，不存在立即出清的市场（例如，鲜活食品市场），价格和数量只会随着市场供求变化滞后调整（例如，房屋租赁市场）；其次，契约的达成不仅与目前可观测到的价格有关，还与在整个契约期间的预期价格有关。

3. 第二阶段：自然率假说

沿着这个思路，我们[4]研究出一项替代假说，以区分名义总需求未预期变化的短期影响和长期影响。从某个初始稳定点开始，例如让名义总需求出现未预期的加速增长的变化。对于每个生产者而言，这意味着对他们的产品产生了出乎意料的有利需求。在变化往往发生在对不同产品的相对需求的情况下，生产者并不知道这种变化仅仅是针对他个人的还是普遍存在的。对他而言，把这种变化视为至少是部分特殊的，并对此采取相应的措施才是明智之举，即生产更多的产品，并以他目前认为高于预期市场价格的价格，卖出未来的产出。他将愿意支付比之前更高的名义工资以吸引更多的工人。对他而言，重要的是实际工资，即考虑到产品价格的工资，并且生产者认为该价格要比之前更高。因此，较高的名义工资在生产者看来意味着较低的实际工资水平。

对于工人而言，情况就完全不同了：对于他们而言重要的是工资的购买力，是对一般而言所有商品的购买力，而非对他们生产出来的某一商品的购买力。雇主和工人对一般价格水平的感知要慢于他们对生产出来的某一商品的价格感知（因为前者需要支付更高的信息获取成本）。因此，工人们就将名义工资的上涨视为实际工资的上涨，并由此增加供给，同时雇主们却视此为实际工资的下降，并由此增加工作岗位。如果用感知的未来价格的平均数来表述，那么实际工资就较低；如果用感知的未来平均价格来表述，那么实际工资就较高。

但这种情况只是暂时的：随着名义总需求和价格水平保持高增长率，人们对价格的感知将会与现实相符。此时，最初的影响便会消失，甚至在一段时间内出现反转，因为雇主和工人们发现他们将自己困于不合理的合约当中。最终，就业将会回到假设名义总需求发生未预期的上涨变化之前的水平。

这项替代假说如图 2 所示。每条负斜率曲线都是如图 1 当中的菲利普斯曲线，除对于某一特定的预期的或被感知的通货膨胀率以外，它被定义为感知的平均价格变化率，而并非感知的单个价格变化率的平均数（在第二种概念的阐述中曲线的顺序将颠倒）。从 E 点开始，不论出于何种理由，通货膨胀率都从 A 点移动到 B 点并停留在 B 点。失业率在 F 点下降至 U_L，并沿着预期通货膨胀率

$$\left(\frac{1}{P}\frac{\mathrm{d}P}{\mathrm{d}t}\right)^{*}$$

为 A 的曲线移动。随着对预期的调整，短期菲利普斯曲线将会上移，最终移动到预期通货膨胀率为 B 的曲线位置。同时，失业率也将逐渐从 F 点移动到 G 点。[5]

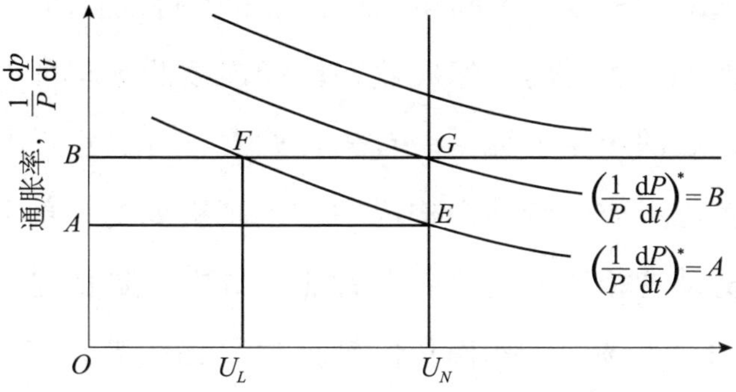

图 2　调整预期的菲利普斯曲线

当然，这种分析过于简单化了。它假设未预期的变化是单一的，然而实际上未预期的变化是连续不断的；它对滞后问题、过度调整问题，以及预期形成的过程都未进行明确的处理。但是它重点强调了：重要的并非通货膨胀本身，而是未预期的通货膨胀；通货膨胀与失业之间并没有稳定的权衡取舍关系；存在自然失业率（U_N），这是与实际动因和准确感知相一致的；要想让失业率保持低于自然失业率的水平，只能通过加速通货膨胀来实现；或者要让失业率保持高于自然失业率的水平，只能通过加速通货紧缩来实现。

我之前介绍过“自然失业率”这个概念，并将其与克努特·魏克赛尔（Knut Wicksell）的“自然利率”相比较。它不是一个数值常数，其值取决于与货币因素相反的“实际情况”——劳动力市场的有效性、市场竞争或者垄断的程度、不同岗位对工作的支持或阻碍等等。

例如，美国的自然失业率已经连续两个季度明显上升。这有两个主要原因。首先，妇女、青少年以及兼职工作者已经成为劳动力构成中越来越重要的一部分。与其他劳动者相比，这些人在就业人群中能更加自如地进出劳动力市场，工作岗位的转换也更加频繁。因此，他们往往面临更高的平均失业率。其次，失业保险和对失业者的其他形式的援助已面向更多工种的劳动者，且时间期限更长，援助额度也更高。失业者们对寻找其他工作压力较小，他们倾向于怀着被前任雇主召回的希望而等待更久，而这个希望通常能得到满足，因此对备选工作更加挑剔。进一步地，失业保险的可获得性使得起初就进入劳动力市场更加具有吸引力，而且失业保险本身可能就刺激了劳动力市场人口比例的增长，并改变了劳动力市场的构成。

自然失业率的决定因素值得美国和其他国家进行更全面的分析。所以记录的失业率数据的含义以及失业率数据与自然失业率之间的关系，也同样值得分析。这些问题对于国家政策而言都是极为重要的。但是，对于我有限的目的来说，这些都只是枝节问题。

就业状况与经济效率或者经济生产率之间的关系，对于国家公共政策来说是另一个具有重大意义的话题，但是对于我现在的研究目的来说只是枝节问题。人们往往想当然地把高失业水平当作资源低效利用的证据，或者反之。这是一个有严重错误的观点。低水平的失业率也许是强制驱动型经济的一个标志，即低效率地利用资源，并且诱导劳动者牺牲闲暇时间来换取商品。劳动者这样做是因为在他们错误地高估实际工资时，他们认为商品的价值低于闲暇时间的价值。或者，低自然失业率可能反映出的是一成不变的制度安排。高度静止僵化的经济体给每个人以固定的工作岗位，然而，动态的、积极发展的经济体却可以提供不断改变的机会，并培养可塑性，这可能会伴随有高自然失业率。为了证明同样的比率如何对应不同的情况：1950—1970 年，日本和英国都经历了低平均失业率，但是日本出现了高速发展，英国却处于滞胀状态。

自然率假说，或加速主义假说，或预期调整的菲利普斯曲线假说（因为该假说有各种不同的设计版本）尽管没有得到公认，但现在已被经济学家们普遍接纳。仍有一小部分人始终坚守着最初的菲利普斯曲线；而更多人认识到短期与长期菲利普斯曲线之间的差别，但仍把长期菲利普斯曲线视为负斜率的，虽然它比短期曲线更加陡峭；有些人将加速增长的通货膨胀和失业率之间的稳定关系，替换为通货膨胀和失业率之间的稳定关系——注意但无须太过担忧以下逻辑推导的可能性，即通过对它们进行二阶求导的方法将可求得更高阶的导数。

最近更多的研究致力于从各个不同的方面探索第二阶段——该过程的动态变化、预期的形成过程，以及一种系统性政策，如果该系统性政策确实存在，它将对实际规模产生预测效果。我们对这些问题相关研究的快速进展报以希望。（应特别关注有关“理性预期”的研究，尤其是约翰·穆斯、罗伯特·E. 卢卡斯和托马斯·J. 萨金特的重大贡献。）[6]

4. 第三阶段：正斜率的菲利普斯曲线

虽然第二阶段的研究距离全面的探究还差得很远，更不用说完全被纳入经济学文献当中，但随着研究的深入，该项工作的探索已经进入第三阶段。近年来，高通货膨胀往往伴随着较高而不是较低的失业率，尤其是一连持续几年之久。在该时期内，简单的菲利普斯统计曲线看起来是呈正斜率的，而并非垂直的。第三阶段的探索旨在将这种明显的实证现象考虑进去。为了这样做，我觉得第三阶段应当将对经济实证与政策发展之间关系的研究包括在内。至少有部分政治现象不应当作为独立变量（就像计量经济学术语中的外生变量），而应当作为其本身就是由经济事件所决定的变量（就像内生变量）。[7]第二阶段的研究受到过去几十年中两大经济理论发展的巨大影响——一是由乔治·J. 斯蒂格勒开创的有关不完全信息和信息获取成本的分析研究；二是加里·贝克尔（Gary Becker）开创的关于人力资本在决定劳动合同形式中的作用的研究。我相信，又一经济理论的发展将对第三阶段的研究产生深远的影响——即将经济学分析应用于政治行为研究，这个领域的先驱探究工作还是由斯蒂格勒和贝克尔以及肯尼斯·阿罗（Kenneth Arrow）、邓肯·布莱克（Duncan Black）、安东尼·唐斯（Anthony Downs）、詹姆斯·布坎南（James Buchanan）、戈登·塔洛克（Gordon Tullock）等人引领的。

通货膨胀和失业率之间明显的正相关关系已经引起了政府政策决策者们的高度关注。以下引用了英国前任首相卡拉汉（Callaghan）最近的演讲中的一段话：

> 我们过去常常这样认为，我们能走出经济萧条，并通过减少税收和提高政府支出来增加就业。但我

> 可以非常坦率地告诉你，这种方式已经不存在了，并且即便在它过去存在的时候，它也只是往经济中注入更严重的通货膨胀，继而带来更高的失业率……这就是过去 20 年的历史。[8]

在加拿大政府白皮书当中也阐述了与之相同的观点：

> 尤其是在北美，伴随着失业率的逐渐增长，存在持续性通货膨胀。[9]

这些都是值得关注的观点，它恰好与几乎所有西方国家政府在整个战后时期采用的经济政策相反。

(a) 一些证据

表 1 和图 3、图 4 给出了在过去 20 年中更多的系统性证据，它们显示了过去 20 年中 7 个工业国家的通货膨胀率和失业率数据。表 1 中平均 5 年的数据显示，7 个国家中的 5 个国家，在最初的两个 5 年当中（1956—1960 年，1961—1965 年），通货膨胀率与失业率是呈相反方向变化的（这是根据简单的菲利普斯曲线预期得出的结论）；7 个国家中只有 4 个国家，在第二个和第三个 5 年中（1961—1965 年和 1966—1970 年），出现了这种情况；而在最后的两个 5 年中（1966—1970 年和 1970—1975 年），就只有一个国家出现了这种情况。甚至这一个例外——意大利，也并非真的是个例外。实际上，

1971—1975 年，平均失业率比前一个 5 年要略低一点，尽管通货膨胀率在此期间增至原来的 3 倍多。但是，从 1973 年起，通货膨胀率和失业率都迅速上升。

表 1　7 国通货膨胀率和失业率（1956—1975 年，连续 5 年的平均数据）

	法国		德国		意大利		日本		瑞典		英国		美国		无加权平均	
	DP	*U*	*DP*	*U*	*DP*	*U*	*DP*	*U*	*DP*	*U*	*DP*	*U*	*DP*	*U*	*DP*	*U*
1956—1960	5.6	1.1	1.8	2.9	1.9	6.7	1.9	1.4	3.7	1.9	2.6	1.5	2.0	5.2	2.8	3.0
1961—1965	3.7	1.2	2.8	0.7	4.9	3.1	6.2	0.9	3.6	1.2	3.5	1.6	1.3	5.5	3.7	2.0
1966—1970	4.4	1.7	2.4	1.2	3.0	3.5	5.4	1.1	4.6	1.6	4.6	2.1	4.2	3.9	4.1	2.2
1971—1975	8.8	2.5	6.1	2.1	11.3	3.3	11.4	1.4	7.9	1.8	13.0	3.2	6.7	6.1	9.3	2.9

说明：*DP* 是由 1955—1960 年、1960—1965 年、1965—1970 年、1970—1975 年，每年的消费者价格变化率所组成。*U* 是每五年平均失业率，因此 *DP* 的数据比 *U* 的数据要提前半年。

图 3 所描绘的 7 国平均数据，更清楚地阐明了从负斜率的简单菲利普斯曲线向正斜率曲线的转移。这两条曲线在最初的两个 5 年中，呈反方向变化；随后呈同向变化。

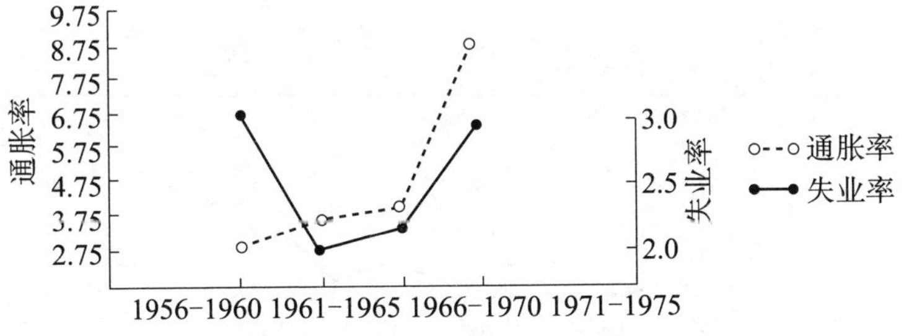

图 3　1956—1975 7 个国家的无加权平均的失业率与通货膨胀率

即使有更多模糊的地方，图 4 中的年度数据也描述

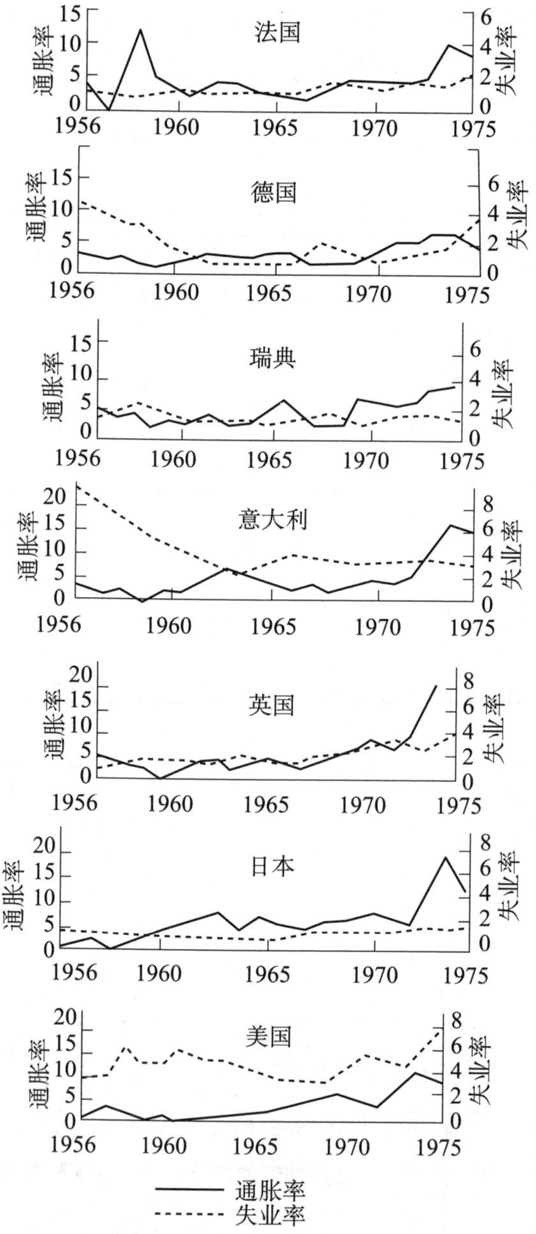

图 4　7 国年通货膨胀率和失业率（1956—1975 年）

了同样的趋势。最初，对价格水平和失业水平之间关系的阐述差异很大，从根本没有关系（如意大利），到与上一年同期比较有相当清晰的负相关关系（如英国和美国）。然而在近些年，法国、美国、英国、德国和日本都显示出通货膨胀率和失业率显著同增长的趋势——但日本与其他国家相比，失业率的增长幅度远小于通货膨胀率的增长幅度，这反映了在日本不同的体制环境下失业率的不同含义。唯有瑞典和意大利的情况与这一普遍规律不一致。

当然，这些数据至多是提示性的。我们并非真的有7个独立的个体数据。常见的国际影响对所有国家都会产生影响，因此国家数量的增加并不意味着证据数量会相应增加。尤其是石油危机，它同时打击了所有七个国家。无论这场危机对通货膨胀率带来怎样的影响，它都直接扰乱了生产进程并使得失业率有上升的趋势。失业率的任何增长都很难归咎于伴随着它同样增长的通货膨胀率；而这两者充其量能被视为，第三方影响所产生的至少是部分常见结果。[10]

无论是5年数据还是年度数据都表明，石油危机不能完全解释卡拉汉先生用图表描述的这种现象。1973年，石油价格涨至原来的4倍，而在此之前，大多数国家已经显示出上涨的通货膨胀率与上升的失业率之间存在显著关系。这也反映出是其他独立的力量而不是通货膨胀对失业产生了影响。例如，在美国使得自然失业率上升的因素，在其他国家也同样奏效，并且可能使得这些国家的失业率上升，而这与通货膨胀的影响无关。

尽管应该具备一定前提条件，但这些数据仍强有力地显示出，至少在有些国家（英国、加拿大、意大利也许是最好的例子），上涨的通货膨胀率和上升的失业率是相互促进的，并非独立的原因而产生的单独影响。这些数据与以下更强有力的阐述并不矛盾，即在所有的工业化国家，至少在某个时期，较高的通货膨胀率对较高失业率的产生有一些影响。该章的其余部分致力于对可能产生怎样的影响进行初步的探究。

(b) 一个试探性假说

我推测，对自然失业率假说的适度阐述是解释通货膨胀率和失业率之间正相关关系的必要条件，尽管这种正相关关系也可能因为其他原因而发生。正如自然失业率假说所阐述的，短期的负斜率的菲利普斯曲线只是暂时现象，因为根据新的现实情况，经济人会调整他们的预期，所以长期的正斜率的菲利普斯曲线将成为一种过渡现象，经济人不但会调整他们的预期，也会调整他们的制度和政治安排，以适应新的现实情况。当调整完成以后，我认为（正如自然失业率假说所阐述的那样）失业率将在很大程度上与平均通货膨胀率无关，虽然资源利用效率可能并非如此。高通货膨胀率既不意味着异常高的失业率，也不意味着异常低的失业率。但是，无论是历史产物还是通货膨胀本身的产物，伴随着通货膨胀的制度和政治安排都有可能显示出与资源利用最大化相反的一面——前面提及的经济体的就业状况和生产率之间的区别便是一个特例。

在我看来，拉丁美洲一些长期处于高通货膨胀率的国家的实证［这些实证是由我的同事们做出的非常细腻深刻的分析，尤其是阿诺德·哈伯格（Arnold Harberger）和拉里·斯加斯塔德（Larry Sjaastad）[11]］与该观点是一致的。

在图 2 所概括的自然失业率假说中，垂直线用于充分预期的通货膨胀的替代率。无论该比率如何（为负值、零值，或正值），只要它是充分预期的，那么就能基于这一比率制定决策。例如，在预期每年 20％的通货膨胀率的情况下，长期工资合同所提供的年工资与零通胀率相比，将以每年 20％的速度增长；与零通胀率相比，长期贷款将支付高于 20％的利率，或者贷款本金将每年增加 20％等；简而言之，等同于所有合同完全指数化。高通货膨胀率还会产生一些实际影响，例如改变期望的现金余额，但它并不会改变劳动力市场效率，也不会改变劳动合约期限和条款，因此不会改变自然失业率。

这个分析暗含以下假设：首先，通货膨胀率是稳定的，或者至少处在高比率时的变动性不会比处在低比率时的变动性更大——否则，高通货膨胀率就不会像低通货膨胀率那样获得充分的预期了；其次，通货膨胀可以被认为是开放的，所有的价格都可以自由调整到更高的利率，因此不论通货膨胀率是20％还是0，相对价格的调整都是一样的；第三点是第二点的变形，即将合同指数化是毫无障碍的。

最后，如果通货膨胀率在未来的几十年里都保持在20％的水平，那么这些条件几乎都会得以满足，这就是我倾向于保留垂直的长期菲利普斯曲线的原因。但是，当一个国家一开始就向高通货膨胀率方向变动时，这些条件将会发生系统性偏离。而且，这个过渡阶段在未来几十年可能会一直延续。

特别考虑英国和美国。即在二战前两个世纪的英国和二战前一个半世纪的美国，其价格水平在一个基本恒定的水平上变化，在战争期间则显示出大幅度的增长，而在战后又回落到与战前大致相同的水平。“正常”价格水平的概念已深入这两国的金融机构和其他机构当中，也深入到人民的习惯和观念当中。

二战后的初期，人们普遍预期会重现之前的经历。事实是战后的通货膨胀率叠加在了战时的通货膨胀率上；然而人们却预期在美国和英国会发生通货紧缩。对战后通货紧缩的恐慌很久才消散（如果它仍然存在），并且在人们开始调整预期以适应货币体系的根本性改变之前很长一段时间一直存在。而调整远没有结束。[12]

实际上，我们并不知道一次完全调整将会由哪些因素构成。我们也不知道这些工业化国家现在是否还将会回到二战前长期稳定的价格水平，或者是否会朝着拉丁美洲的长期高通货膨胀率的模式发展（正如在智利和阿根廷最近时不时就突然爆发的超级或恶性通货膨胀[13]），又或者是否将经历更为彻底的经济和政治变革从而对目前不明了的现状产生不同的解决方法。

而这些不确定性（或者更准确地说，是由不同的情况产生的不确定性）会导致垂直的菲利普斯曲线所要求的那些条件发生系统性的偏离。

最根本的偏离是指高通货膨胀率在过渡期的几十年中并不稳定。更确切地说，通胀率越高，它就越不稳定。在过去的几十年间，这一点在不同情况的国家里都得到了实证。[14]从理论基础来看，这似乎是非常合理的——无论是关于实际通货膨胀率，还是甚至更明确的经济人对通货膨胀率的预期。政府并没有将高通货膨胀率作为一项审慎的政策，而是将其视为其他政策所导致的结果——尤其是增加政府支出的充分就业政策和福利制度政策。政府都声称其坚守稳定的价格水平这一目标。它们也确实这样做了，以回应那些既乐于接受通货膨胀带来的一些副作用，又坚持想要稳定收入的选民们。但一场通货膨胀的爆发产生了强大的压力以反对这一观点。政策从一个方向转移到另一个方向，使得实际和预期通货膨胀率产生极大差异。当然，在这种情况下，没有人会有单值的预期。人人都意识到，实际通货膨胀率在未来任一时段会如何变化是非常不确定的。[15]

通货膨胀率的趋势是平均走高的，而在制度安排和金融合约都已调整以适应长期“正常”的价格水平的国家，通货膨胀对其政治凝聚力的影响使得通货膨胀率更加不稳定。一些组织从中获益（例如业主）；而其他人却因此发生损失（例如，储蓄存款和固定利率证券的持有者）。“谨慎”的行为实际上变得鲁莽，而“鲁莽”的行为却变得谨慎。社会两极分化；一个群体与另一个群体对立。政治骚乱增加。任何一个政府的统治能力都在下降，同时采取强力措施的压力也不断增加。

实际或预期通货膨胀率不稳定性的增加可能从两个完全不同的方面引起自然失业率的升高。

首先，不稳定性的增加会缩短非指数化劳动承诺的最佳期限，并且会使得指数化更加有优势。[16]但是实际的做法需要时间来调整。与此同时，之前介绍了刚性的概念，它会降低市场的有效性。事实是，一项不确定的附加要素可以附加于任何一个市场安排上。除此之外，即使在最好的情况下，指数化对于通货膨胀率的稳定性来说也只是不完全的替代。价格指数是不完美的；它们只能滞后地获得，并且一般只能更滞后地应用于合约条款。

这样的发展明显降低了经济效率。但其对记录的失业率会产生怎样的影响就不那么清楚了。各种商品的高平均库存量是应对刚性和不确定性的一种方法。但是这又意味着企业的劳动力囤积和低失业率，或者大量工人暂时赋闲在家和很高的失业率。期限较短的劳动承诺可能意味着对于变化的情况能够更快地进行就业调整，并且失业率很低，或者劳动承诺期限调整的延迟可能导致令人不太满意的调整和很高的失业率。显然，在这一领域还需要进行大量的补充研究，以阐明不同影响的相对重要性。总而言之，劳动承诺的缓慢调整，以及指数化的不完美可能会导致失业率上升。

通货膨胀不稳定性增加的第二个相关影响是，使得市场价格在协调经济活动方面成为一个低效率的机制。正如哈耶克[17]曾非常精辟地强调，价格机制的根本功能是紧密、有效且低成本地传递信息，经济人需要利用这些信息来决定生产什么以及如何生产，或者如何利用自身资源。这些相关信息是有关相对价格的——即一种商品相对于另一种商品的价格，某一生产要素服务相对于其他生产要素服务的价格，产品价格相对于要素服务的价格，目前的价格相对于未来的价格。然而，实际上信息是以绝对价格（以美元或者英镑或者克朗计价的价格）的形式传递的。如果价格水平平均来说是稳定的或者以稳定的速度变化，那么从实际观测到的绝对价格获取有关相对价格的信号就相对简单一些。一般通货膨胀率越不稳定，就越难从实际观测到的绝对价格中获得相对价格的信号：相对价格的广泛传播可以说是受到通货膨胀广泛传播所产生的噪声的阻碍。[18]从极端情况来看，绝对价格机制几乎是毫无用处的，并且当通货膨胀对生产率产生灾难性影响时，经济人只能要么使用替代货币，要么实行实物贸易。

同样地，通货膨胀对经济效率的影响是明显的，而对失业率的影响则不那么明显。但是，市场信号中噪声的增加可能会使得平均失业水平升高，这一论断看起来很合理，至少在制度安排还没有适应新的情况时是合理的。

即使价格是合法地自由调整的，通货膨胀率不稳定性的增加所带来的影响也是会发生的，——如果从这个层面来看，那么通货膨胀便是开放性的。实践中，不确定性的扭曲效应、自愿长期合同的刚性，以及价格信号当中的杂质这些内容几乎肯定都将被在价格变化方面的法律限制所强化。在现代社会，政府是其在市场上销售的服务的生产者：从邮政服务到广泛的其他服务。其他价格由政府调控，并且价格变化需要由政府来审批：从飞机票价到出租车车费，再到电费。在这种情况下，政府不可避免地会被卷入到价格设定的过程中。另外，由不稳定的通货膨胀率引发的社会和政治力量将导致政府试图抑制其他领域的通货膨胀：通过明确的价格并控制工资，或者通过给民营企业或组织施压让它们自愿实施限制，或者通过外汇投机来改变汇率。

尽管细节在不同的时期各不相同，在不同的国家也不相同，但一般结论是相同的：价格系统指导经济活动的能力下降；相对价格的扭曲可以说是由在所有市场上的更大的摩擦所引起的；很有可能会产生更高的失业率。[19]

我刚刚所描述的那些动因可能会使得政治和经济体系呈现动态不稳定变化，还可能会产生恶性通货膨胀和激进的政治变革——正如一战以后许多战败国的情况一样，或者更近一点的如智利和阿根廷的情况一样。而在另一个极端情况下，在任何此类大灾难发生之前，国家可能会采取政策以实现相对较低且稳定的通货膨胀率，并消除了许多影响价格体系的干扰因素。这样便能为简单的自然失业率假说重新建立前提条件，同时使得这项假说可以用于预测过渡时期的进程。

一个折中的可能是，即使平均通货膨胀率很高，价格系统也会长期保持稳定。在这种情况下，失业率也应当逐渐趋于一个相当稳定的水平，这一水平明显要低于过渡时期的失业率水平。正如前面讨论所强调的，价格系统不稳定性的增加和政府干预的加强，而非价格大幅波动或者高强度的干预是可能导致失业率上升的主要原因。

应对波动性和干预有两种方式：一是通过指数化和与处理通货膨胀波动性类似的安排；二是以间接的方式来改变价格和工资，以避免政府干预。

在这些条件下，长期菲利普斯曲线仍然会是垂直的，并且我们会回到自然失业率假说，虽然也许是为了研究不同系列的通货膨胀率，而不是为了研究初期我们所提出的通货膨胀率。

因为即将解释的是高通货膨胀率和高失业率共存的现象，所以我强调了由于货币系统从正常价格过渡到高水平且高变动的通货膨胀而产生的制度变化所造成的影响。应当引起注意的是，一旦已经做出这些制度变革，并且经济人已经调整了他们的实践和预期以适应变革，那么对之前货币政策框架的颠覆，或者甚至是对成功的低通胀率的货币政策新框架的采用都会相继需要经济人做出调整，并且这些也许对就业水平有着同样不利的过渡效应。那么，这里将会出现一条中期负斜率的菲利普斯曲线，而不是那条我曾尝试使之合理化的正斜率的菲利普斯曲线。

5. 结 论

凯恩斯革命在 20 世纪 30 年代所进行的变革的成果之一是，刚性的绝对工资水平被接受，同时接近刚性的绝对价格水平成为分析短期经济变革的起点。这些理所当然地被认为是机构数据，并且经济主体也这样认为，因此名义总需求的变化将全部反映在产出上，而几乎不会反映在价格水平上。对于绝对价格和相对价格长期以来的混淆，得到了新的诠释。

在这种学术氛围下，经济学家更多地研究失业和实际工资而不是名义工资之间的关系是可以理解的，并且认为预期名义工资的变化等于预期实际工资的变化。此外，最初阐明失业率水平和名义工资变化率之间存在稳定关系的实证依据是从某个时期得到的。在这一时期，尽管出现了价格水平的短期剧烈波动，但长期价格水平相对稳定，并且人们普遍预期价格持续稳定。因此，这些数据并没有对这些假设的特征给出警示信号。

这项阐述了失业水平与通货膨胀率之间稳定关系的假说，已被经济学家们欣然接受。它填补了凯恩斯理论框架的空白。它似乎就像是凯恩斯自称的“我们缺少的是一个简单的方程式”当中的“方程”。[20]此外，它似乎为经济政策提供了一种可靠的工具，使得经济学家能够告诉政策制定者这可作为政策的备选方案。

正如在任何科学学科里，即使有少数异议者一如既往地质疑它的有效性，但只要经验与占统治地位的假设相一致，那么它就会被继续接纳。

但是在20世纪50年代向20世纪60年代、20世纪60年代向20世纪70年代转变的过程中，该假说的简单形式却变得越来越难以被接受。似乎需要越来越高的通货膨胀率来降低失业水平。滞胀开始出现。

很多人尝试通过考虑特殊因素，例如工会的力量，来修订该假说。但是实证结果依然和修订后的版本不一致。

对该假说需要进行更加彻底的修订。这些修订强调了未预期的变化的重要性，即实际量与预期量之间的差异。它修复了“实际”和“名义”量间差异的首要性。在任何时候，“自然失业率”都是由实际因素所决定的。当预期基本被实现时，便能达到自然失业率。如果默许了价格变化对持有货币余额的实际成本的影响，那么实际情况与任一价格或者价格改变的绝对水平就是一致的。从这个角度看，货币是中性的。另外，名义总需求和通货膨胀的未预期变化导致在雇主和雇员两方等同地产生感知的系统性偏差，这最初会使得失业率从相反的方向偏离自然失业率。从这个角度看，货币就不是中性的了。但是这些偏离都是短暂的，即使扭转偏离需要耗费很长一段时间，最终也会因预期的调整而消失。

自然失业率假说将最初的菲利普斯曲线假说作为一种特殊情况包含在内，并且使得更为广泛的实证变得合理，尤其是滞胀现象。到目前为止，该假说虽然没有得到世界公认，但已被大范围地接受了。

然而，目前的自然失业率假说不足以证明可用来解释较新的研究发展——滞胀向萧条膨胀的转变。近年来，更高的通货膨胀率常伴随着更高的失业率——而并非如简单的菲利普斯曲线所描述的较低失业率，也并非与自然失业率假说所描绘的失业率相同。

较高通货膨胀率与较高失业率之间的最近关联可能

反映了例如石油危机这类事件的普遍影响，或者反映了赋予通货膨胀率和失业率以普遍上涨趋势的独立因素。

但是，一些国家的主要因素和另一些国家的促进因素可能是它们正处于过渡阶段——这一时期是以每 5 年或者每 10 年计算的，而并非以每年计算的。公众还没有调整其态度或制度安排以适应新的货币环境。通货膨胀率不但会更高，而且会更加不稳定，并伴随着在价格设定方面政府干预范围更广。通货膨胀的不稳定性不断增加，且相对价格逐渐偏离由市场力量单独决定的价格，两者综合起来会导致经济体系的低效率，在所有市场上引起摩擦，并且很可能会使得记录的失业率上升。

基于这些研究，目前的状况是不能持续的。要么将沦为恶性通货膨胀和激进的变革；要么制度将适应长期通货膨胀的情况；要么政府将采取措施来降低通货膨胀率和对价格制定更少的政府干预。

有关科学理论是如何修订的，我已经进行了完全标准化的阐述，而这个阐述有着深远的意义。

有关通货膨胀率和失业率的政府政策是政治争论的核心内容。在这些问题上也曾爆发过意识形态的斗争。然而，经济学理论所发生的戏剧性转变并非意识形态斗争的结果。它也不是政治信仰或政治目标分歧的结果。它几乎完全反映了事件动因，即残酷的现实，其远比最强有力的政治或意识形态偏好更加有说服力。

200 年前，内穆尔驻法国议会的代表皮埃尔·塞缪尔·杜邦（Pierre S. du Pont）形象地阐明了正确理解积极的经济科学对于人类的重要性。对于增发指券（法国大革命时期的法定货币）的提案，他恰如其分地说道：

> 诸位，人们如此容易被这些刺耳的争论牵着鼻子走，以致心生邪念，这样的习惯是相当不妥的。心存善意乃为人之本；人们理应坚信一切皆是美好的，很显然的确如此；但是我们完全没有必要宽容、仁慈地对待自相矛盾的逻辑与荒唐的推理。要知道，糟糕的逻辑学家无意识所犯的罪行远比坏人故意所犯的罪行要多。（1790 年 9 月 25 日）

注 释

［1］我已经更加充分地讨论过这个方法论问题，在 Milton Friedman，“The Methodology of Positive Economics”，*Essays in Positive Economics*，University of Chicago Press，Chicago，1953。

［2］A. W. Phillips，“The Relationship between Unemployment and the Rate of Change of Money Wage Rates in the United Kingdom，1861—1957”，*Economica*，November 1958，pp. 283 - 99。

［3］See Milton Friedman，“What Price Guideposts?”，in G. P. Schultz and R. Z. Aliber （eds.），*Guidelines：Informal Contracts and the Market Place*，University of Chicago Press，Chicago，1966，pp. 17 - 39 and 55 - 61； “An Inflationary Recession”，Newsweek，17 October 1996； “The Role of Monetary Policy”，American Economic Review 58，March 1968，pp. 1 - 17.

［4］特别地，菲利普斯（E. S. Phelps）和我自己：see Milton Friedman，“The Role of Monetary Policy”，*op. cit.*；E. S. Phelps，“Phillips Curve，Expectations of Inflation and Optimal Unemployment Over Time”，*Economica* 34，August 1967，pp. 254 - 81；E. S. Phelps（ed.），*Microeconomic Foundations of Employment and Inflation Theory*，Norton，New York，1970.

［5］为了更加充分地讨论，see Milton Friedman，*Price Theory*，Aldine，Chicago，1976，ch. 12。

［6］Robert J. Cordon，“Recent Developments in the Theory of Inflation and Unemployment”，*Journal of*

Monetary Economics 2，1976，pp. 185 - 219。

［7］Robert J. Gordon，"The Demand and Supply of Inflation"，*Journal of Law and Economics* 18，December 1975，pp. 807 - 36.

［8］Speech to the Labour Party Conference，28 September 1976.

［9］"The Way Ahead：A Framework for Discussion"，Government of Canada Working Paper，October 1976.

［10］Robert J. Gordon，"Alternative Responses of Policy to External Supply Shocks"，*Brookings Papers on Economic Activity*，No. 1，1975，pp. 183 - 206.

［11］See Arnold C. Harberger，"The Inflation Problem in Latin America"，a report prepared for the Buenos Aires（March 1966）meeting of the InterAmerican Committee of the Alliance for Progress，published in Spanish as "EI problema de la inflación en América Latina"，Centro de Estudios Monetaris Lati-noamericanos，*Boletin Mensual*，June 1966，pp. 253 - 69（reprinted in Economic，Development Institute，*Trabajossobre desarrollo económico*，IBRD，Washington DC，1967）；and Larry A. Sjaastad，"Monetary Policy and Suppressed Inflation in Latin America"，in R. Z. Aliber（ed.），*Na-*

tional Monetary Policies and the International Financial System, University of Chicago Press, Chicago, 1974, pp. 127 – 38.

[12] Benjamin Klein, "Our New Monetary Standard: The Measurement and Effects of Price Uncertainty, 1880—1973", *Economic Inquiry*, December 1975, pp. 461 – 83.

[13] Arnold C. Harberger, "Inflation", *The Great Ideas Today*, 1976, Encyclopaedia Brittanica, Inc., Chicago, 1976, pp. 95 – 106.

[14] Dwight Jaffe and Ephraim Kleiman, "The Welfare Implication of Uneven Inflation", Seminar paper No. 50, Institute for International Economic Studies, University of Stockholm, November 1975; Dennis E. Logue and Thomas D. Willett, "A Note on the Relation between the Rate and Variability of Inflation", *Economica*, May 1976, pp. 151 – 8.

[15] See Jaffe and Kleiman, *op. cit.*; David Meiselman, "Capital Formation, Monetary and Financial Adjustments", *Proceedings*, 27th National Conference of Tax Foundation, 1976, pp. 9 – 15.

[16] Jo Anna Gray, "Essays on Wage Indexation", un-

published Ph. D. dissertation, University of Chicago, 1976.

[17] F. A. Hayek, "The Use of Knowledge in Society", *American Economic Review* 35, September 1945, pp. 519 - 30.

[18] See Robert E. Lucas, "Some International Evidence on Output-Inflation Tradeoffs" *American Economic Review* 63, June 1973, pp. 326 - 34; "An Equilibrium Model of the Business Cycle", *Journal of Political Economy* 83, December 1975, pp. 1, 133 - 44, See also Arnold C. Harberger, "Inflation", *op*, *cit.*

[19] Milton Friedman, *Price Theory*, *op*, *cit.*

[20] J. M. Keynes, *The General Theory of Employment*, *Interest*, *and Money*, Macmillan, London, 1936, p. 276.

六、通货膨胀、税收、指数化*

我们是经济学家。我们相信市场是起作用的，而且市场在政治领域的作用不亚于其在经济领域的作用。我们拥有糟糕的经济政策，因为这是市场需要的；也是利润的所在。我们会给我们的政治当局提供坏的经济建议，因为这就是市场，因为它们对这样的建议有需求，一些人就会去满足这样的需求。

在传播正确思想的过程中，我们遇到的很大问题部分是市场营销问题。我们需要为这些正确的思想创造需求。在指数化的问题上，我认为将应当写入立法和被强制执行的指数化与应当被鼓励的自愿性的指数化进行区

---

* 本文首次发表于 IEA Readings No. 14，*Inflation*；*Causes*，*Consequences*，*Cures*（1974）。

分是十分重要的。我相信为了完善我们所运营的政治体制，税收应当被强制指数化。

1. 无代表权的税收

从某种程度上看，有关将税收和政府借贷指数化的争论与现在的通货膨胀问题只存在偶然的联系。在我看来，它最根本的目的是完善我们的政治体制。正如我曾反复提及的，通货膨胀是无代表权税收的一种形式。它是一种不需要被当局立法制定，也不需要额外雇佣税务员就能被征收的税。为了给更加见多识广的读者阐述这个问题，我必须将通货膨胀的多种组成要素进行区分。直接通货膨胀税是一种现金余额税。如果物价每年上涨10％，那么人们就不得不持有更多英镑纸币，以保持现金余额稳定的购买力。同时，那些额外的纸币便等同于纳税的收据凭证。

由通货膨胀所征收的那部分税收无论如何都不会受到指数化的影响。然而，通货膨胀税还有其他两个要素。其中一个要素是指，如果个人和公司所得税是按名义价值征收的（以英镑或者美元为计价单位），那么通货膨胀会使得实际税率高于它应有的水平。我并不知道具体数值为多少，但是大致上，如果在美国因为通货膨胀导致价格水平上涨10%而使得个人收入增加10%，那么实际收入将保持不变，而个人所得税将平均上涨15%。这是因为人们将适用更高的纳税等级。同样地，企业或者公司，其缴纳的税收因通货膨胀而大大增加了，这是因为折旧免税额和存货抵免的计算往往是基于初始成本而并非基于市场价值。因此，所谓的营业利润纯粹就是账面利润，而不是实际利润，并且对账面利润征税的结果是对资本征收财产税，并非是对资本收益的有效征税。

我基于美国的情况做了一些数量计算。去年，仅通货膨胀税对美国产生的影响总计达150亿美元。现金余额（就印钞本身而言）的隐性税收带来的收益是直接税收带来的收益的两倍。接下来，我将更多地对自己国家的实证进行阐述。我与多位议员和代表进行了交谈，他们众口一致地表示：他们绝不会主动且明确地对目前的税收水平进行立法。他们害怕实际税收水平发生变化。他们当然也能从中获利，并且允许通过通货膨胀间接地征税。所以，我认为政府税收指数化对改善政治结构，并使得立法委员们既对其立法支出负责，又对其征税行为负责是十分重要的。

2. 指数化的技术性

此处对技术细节的要求基本上是直截了当和简单的。然而，技术细节也有一些复杂的因素；我并不想把它阐述得过于简单，但是我知道在美国，并且我也确信在英国也是一样，重要的要求是：以英镑计价的个人免税额度乘以价格指数。美国的所得税减免额度较低（在英国也可能有相似的减免额度），并且具有自动扣除政策或其他政策；无论是什么，它都应该以英镑计价，并乘以价格指数。因此，纳税等级不应当表述为 0 至 1 000 英镑，或其他的附加税等级，而应当用 0 至1 000英镑乘以价格指数，所以纳税等级每年都会根据通货膨胀率进行自动调节。资本收益的计算基数应当根据在买入和卖出时间间隔内的价格变化而进行调整。资产贬值的计算基数应当进行类似的调整；库存成本的计算也应如此。原则上，你应该将那些以固定名义金额计算的债务通过其实际价值减少而产生的收益纳入利润当中。这些本应该被纳入。还有一些其他复杂的因素，但是我所描述的因素将会消除通货膨胀对实际税率产生的大部分影响。

在政府借贷方面，我同样也认为它不仅可以用来缓和过渡时期，还是一个关乎道义和公平性的问题。正如我在此曾反复阐述的，我本人在 1942 年或者 1943 年的某一天参与了政府购买力债券的发行，在当时我作为一名美国财政部年轻的公务员，被要求为摩根索部长（Secretary Morganthau）写一份演讲稿，劝说公众购买美国储蓄公债。我发现写一份诚实的演讲稿是不可能的。

我认为，一个民主国家要求它的高级公职官员们对人民撒谎，并且是故意撒谎，这绝对是可耻的。正是基于这一点，自 1942 年或是 1943 年的那一天起，我的确更赞成由政府发行购买力债券。

与这一观点相对立的观点今天又被佩珀（Pepper）先生提起。这是美国财政部在 1952 年提出的论点，在这一时期，联合经济委员会作为一系列货币和债务问题听证会的参与者，曾询问过学院派经济学家们对购买力债券的看法。很大一部分学院派经济学家当时是支持发行购买力债券的。财政部给出了它的标准答案，这实际上正是佩珀先生今天的观点，即发行购买力债券是不可取的，因为这会消除经济中的一个反通货膨胀因素。这是由于如果我们将通货膨胀指数化（如果购买力债券已经发行），通货膨胀将会增加政府支出，但是目前政府支出按名义美元计算是保持不变的，而收入却上升了，所以便有了自动反通货膨胀的力量。

3. 凯恩斯的理论

这个观点在逻辑上是合理的，但是我认为它与实证并无关联。它隐含地假设政府总支出与它们的收入来源无关。在大部分凯恩斯理论的分析中有一项重大谬误，即它假设政府支出是由一组因素决定的，而税收是由另一组因素决定的。另一项严重的谬误是，一些人相信他们自己是赞成财政责任制的——美国的许多共和党人已经鼓吹财政责任制很多年了。在美国，你可以一再地得到这样异常的结论，那便是民主党人已经将政府支出立法，并且共和党人已经将税收立法以用来支付这些支出——以财政责任制为借口。

这一经验证明帕金森定律（Parkinson's law）毫无疑问是正确的：立法者们会花费掉税收体系筹集的所有资金，再加上大量更多的资金。因此，实行财政原则唯一有效的方法是减少税收收入。因此，我本人在任何情况下，无论是出于任何借口、任何原因，在任何时候都支持减免税收的政策。

回到购买力债券，如果政府即将承担责任并阻止通货膨胀，那么发行购买力债券是无须任何成本的。实际上，政府会从中受益，因为相对于其他债券，政府能以更优惠的条件卖出该债券。另一方面，如果政府不打算负责，那么政府声称不能发行购买力债券的原因是需要这份账单来维持它们的责任，这种行为就会极为讨厌、邪恶，或者你可以用任何词语描述它。如果政府打算负责，那么它们就无须担心任何由购买力债券产生的成本。同时，如果政府不想负责，那么就更加需要购买力债券来保护无辜的民众以免他们受到由自己错误地选举出来的立法者的伤害。

我不能确定以这种方式解释是否能完全解答佩珀先生的观点，同时我希望他能回来，使我做出继续从事这方面研究的承诺：我将他的问题解释为，如果政府不负责任，那么购买力债券将会由于增加政府支出而使得通货膨胀更加严重吗？答案是，再重复一遍：因购买力债券增加的额外政府支出对国家的危害远不及替代性支出的危害大。

4. 自愿指数化

除此之外，我并不赞成将指数化立法，而支持人们尽可能广泛地自愿接受指数化。在这一点上，我站在一个有着众多支持者的队伍当中。在阿尔弗雷德·马歇尔

(Alfred Marshall) 之前，首个指数化的例子出现在 14 世纪的英国，当时的立法机构要求牛津大学和剑桥大学用玉米上缴至少三分之一的地租，而一个世纪以后，玉米基本上成了两所大学百分之百的地租收入。说来也奇怪，马歇尔、威廉姆·斯坦利·杰文斯（William Stanley Jevons)、欧文·费雪、约翰·梅纳德·凯恩斯 (John Maynard Keynes) 都支持这项决议。[1]因此，我并不是在此描述一个有任何特殊性的观点。一个有意思的特点需要引起注意，即有关指数化的早期争论都围绕着其作为减轻物价下跌的不利影响的方法这一点。1885 年，马歇尔正在写作他的论著，在此期间人们正在经历物价下跌，并且在 19 世纪 30 年代或者 20 年代，一些拥护指数化的人将指数化作为一种降低拿破仑战争后通货紧缩带来的不利影响的方法。因此，人们常说的那些建议指数化的人只不过是建议我们接受通货膨胀，这一观点是不正确的。然而，它在某种程度上又是正确的，但是指数化同样也是接受通货紧缩的优良工具。

但是，一种优良的负责任的货币，是比指数化更加优良的工具。指数化本身并不是令人满意的事物。正如我有时提及的，它是对于最佳世界的次佳工具；同时它也是对于次佳世界的最佳工具。遗憾的是，现实世界是次佳的。同时，我并不认为用法律来要求人人都指数化是合理的，而巴西就是这样做的，并且在巴西，指数化已经很有效，效果也不错。但是，我认为它们所做的已远远超出了我们的理想程度。我们应该做的是鼓励私人指数化，而不是强制要求指数化。

该如何鼓励指数化呢？首先，在我建议的税制改革中鼓励指数化还有很长的一段路要走。如果政府发行一种购买力债券，私人金融市场的竞争会促使私人企业也发行购买力债券。即使政府不发行购买力债券，私人企业也会理所当然地提供购买力债券，这种趋势已经开始了：在美国购买力债券已经发展得很先进了。凭经验而论，短期利率大致等于早些年的物价增长率再加上大约3%。所以，整个系列的浮动利率票据（例如花旗银行的浮动利率票据承诺的收益率是高于国债收益率或者短期市场利率一定比率的）在经济上等同于购买力债券。这种可变利率票据已经开始在美国和其他地方广泛地流行起来，所以你可以得到大量这种类型的指数。

5. 自动调整条款

在工资领域，美国有大约 1 000 万名工会雇员受到生活费自动调整条款的保护。在英国，通过立法来强制执行一项门槛协议是不明智的，因为它正是由一般规则所强加的，而并非是在个案中达成的协议。但是，我认为会有且应该有很多自愿性的工资协议包含了自动调整条款。

当然，目前在许多领域都有自动调整条款。租赁合约只是其中一小部分；汽车保险会支付维修费用；所有这一切都说明存在着自动调整条款。并且这类自动调整条款的范围会进一步扩大。正如我所言，政府可以通过以下方式鼓励这种条款：首先通过购买力债券建立一种政策工具作出示范；其次是通过我已阐述过的税制改革。因为就目前的情况而言，如果一个企业发行购买力债券，那么通货膨胀的调整就会在受制于所得税的同时受制于已支付的实际利率。我所建议的个人和公司税的改革将会有效地消除这一点，因为资本收益的基础将调整，所以通货膨胀率的调整不会受制于所得税。我认为，这些改革才是政府鼓励自动调整条款的最有效的方式。

目前我并不了解其他国家的情况。在美国，政府还必须在另外一个主要领域鼓励自动调整条款，这就是储蓄机构。

6. 金融中介

正如其他国家一样，美国也拥有大量的储蓄贷款协会[2]、互助储蓄银行等。它们的总负债在当时大约是4 000亿美元左右。这些机构进行长期贷款和短期借款的“投机”已经有相当长的一段时间了，它们现在的困境是资产收益率低于它们为了留住存款而支付的利率。如果进行恰当的会计分析，这些机构资产的市场价值要小于负债的市场价值，从这个角度来看，今天它们没有一个能幸免于技术性“破产”。

作为自由市场坚定的信徒，我想要看到的是市场自身能解决这个问题，并让这些机构破产。但是我相当怀疑这是否真的会发生。我相当怀疑政府会帮助这些机构。我讨厌像魔鬼一样进行政治预言，但这又是你所能做的最简单的事情，因为它已经发生了。有很多种方法可以帮助这些机构摆脱困境。但它们又错误地与政府试图支撑它们的资本资产价值这一方法相一致。如果继续下去，那么便会陷入无底洞。如果真想通过支撑资产的市场价值来挽救储蓄贷款协会，那么就必须要在揭示通货膨胀的过程中创造出一些货币。备选的方法有哪些？

最好的方法是政府对那些储蓄机构在收入方面进行补贴，但是受制于以下限制条款，即这些机构获得资助的条件是资产和负债必须完全纳入指数计算的基础。它们必须改为依赖一种可变利率抵押贷款，这种贷款具有被指数化的效果。这种抵押贷款如何操作是十分重要的，因为有些方法并不是特别有效。进行抵押贷款指数化操作时，不仅仅是偿付款，抵押款的票面价值也必须被指数化。它们不仅应当提供可变利率贷款，还应为客户提供可变利率存款。如果这样做了，那么政府补贴计划自然就结束了，因为随着资产组合转变，资产组合越来越指数化，该计划开始的问题将得到解决。

除此之外，可以让感兴趣的人们自愿参与指数化，而不是尝试以任何形式进行强迫。那么问题出现了：如果将这些都进行指数化，会有哪些好处呢？对这一问题的异议主要源于误解。我今天和过去几日在英国数次听到的异议是，某种形式的或者其他形式的指数化会阻碍实际工资下降到经济上必要的水平。而指数化并不会导致这种现象。指数化是一项规定，用以在重新拟定合同期间调整合同条款。当拟定一份新的合同时，实际工资可以更高或更低，或处于任何水平。所有这些指数化就是在说：无论两人是如何协商的，他们最终都会达成一致。它只是使人们参与到有效合同中的一种方法。今天，如果一份合同是雇主和我们所说的工会组织或者非工会组织签订的，那么合同双方都不得不对通货膨胀率进行猜测。如果他们在通货膨胀率上达成一致，他们就会将工资的上涨契约化。

如果实际通货膨胀率等于预期通货膨胀率，那么没有人会感到失望，也不会有对现实的扭曲。但是如果它们不相等，合同中的一方或另一方就会不情愿地参与到合同中：对他而言，合同条款被扭曲了。就是这个特点使得它对由通货膨胀率下降所导致的失业负主要责任，而通货膨胀率是未预期且未能写入这些合同当中的。通过指数化，可以消除人们对合同的扭曲和不满。双方都能签订任何想要签订的条款。他们能签订实际条款。

我之前说过我认为尝试在完全指数化的情况下进行分析这一想法已经得到了明确的阐述。然而，不仅这一想法得以明确，而且实际上将会防止由于通货膨胀率下降或是加速上升带来的负面影响。正是基于这些方面，我认为指数化将会非常有用，而且我认为这在巴西的实践中是最重要的。

7. 指数化与独裁主义

我不愿意提到巴西，是因为它被诋毁得太严重了。

每当我一提起巴西，就有人说：你是军事独裁者吗？不，我当然不是：军事独裁者都很可怕。但是我认为作为科学家，我们应该在任何可能的地方收集数据，从社会主义的苏联、纳粹德国、极权主义的巴西，以及任何一个可能获得良好经济学证据的地方。我们没有获得足够的数据以使得我们能承担科学研究被我们的政治情感所决定的后果。

从巴西和其他国家获得的证据是十分令人惊讶的，通过广泛地使用指数化可以大大降低合同扭曲。

讨　论

乔治·施瓦茨（George Schwartz）： 随着20世纪中期美元的瓦解，人们通过增加黄金条款来指数化他们的合同。那么对于基于黄金条款而签订的庄重的私人契约究竟发生了什么？它被罗斯福政府武断地废除了。在美国，保障条款会被写入宪法吗？——不会的，因为根本就没有宪法！有什么方法可以保障这些条款呢？在我生活的年代，政府被证明是一个说谎者、小偷和骗子，至今仍未有任何改变。

弗里德曼： 对于保障条款的本质问题，我并没有一个答案，但是我的确认为稍微了解一点黄金条款是十分重要的。这比乔治·施瓦茨所阐述的内容要复杂得多。

我认同他的观点，最高法院不应废除这项条款。但是，阅读最高法院的相关决议是十分有趣的。它们在很大程度上认为，黄金条款是用来保障人们工资的实际价值的，然而黄金条款的实施并没有达到这一目的。1933年，当这一问题出现时，这一争议导致最高法院的大多数法官希望废除黄金条款，即使黄金的名义价值是上升的，商品和服务的价格水平总体上是下降的。所以最高法院的大多数法官认为，获得美元报偿的人们已经从物价水平的下跌中获利。如果由于黄金的美元价格被当局抬高而使得他们获得了二次收益，那么这不符合公平和正义原则。

结果是，因为阅读这些使得黄金条款成为购买力条款的决议，美国最高法院表示原本要废除这些条款这一点变得更加不清晰了。这是历史的注释，并且没有改变主要观点，即与其他任何一种由法院强制实施的私人合同一样，同样不能保证私自订立的调整合约会被法院强制实行。我看不出它有什么不同之处。从你的角度看来，你可能会认为没有人会签订任何合同，因为没有合同会确定被实施。

尼古拉斯·雷德利[3] **(Nicholas Ridley)：**我想回到

弗里德曼教授谈到的指数化政府债券这一问题上。我曾问过英国财政部的部长们，为什么他们没有发行指数化的政府债券，他们回答这对于政府已有的债务价值是十分不利的。我们的政府债务的名义价值大约为300亿英镑，以目前的市场价值来衡量大约为140亿英镑，去年其价值已经下滑了50亿英镑。如果因为发行任何一种指数化债券而导致政府债务价值再下跌100亿英镑，那么对于那些仍持有战时公债的傻瓜们，这显然是非常严重的政治问题。弗里德曼教授会对这个观点加以评论吗？是否更高的利率会导致过多的债券卖出，并且当利率刚开始上升时会吸引买者吗？如果发行全面指数化的债券，那么弗里德曼教授相信它对政府债券的持有者会产生严重的破坏性影响吗？

弗里德曼：这是一个非常好、非常重要的问题。我们一点一点来聊一聊，因为有必要将其一一道来。

问题在于以何种利率来发行指数化债券。其中一种方法是拍卖。这可能导致负的市场利率。如果假设政府以拍卖的方式发行指数化债券，但加入了指数条款，那么对已发行债券价值产生任何严重的破坏都是说不过去的。随着时间的逐步推移，越来越多的指数化债券在市场上销售，那么实际利率就会上升。但是，如果没有指数化通货膨胀的加速，债券的价值就会下跌。如果通货膨胀减速，其价值就会呈相反方向变化。如果指数化债券的发行实际上伴随着能导致通货膨胀减速的负责任的货币政策，那么其他债券也不会发生市场价值的损失。相反，这些债券的市场价值还会上升。如果伴随的是不负责任的政策实施，那么其他债券的市场价值就一定会遭遇损失。所以我实在不能苟同以下观点：一旦在拍卖的基础上从现实的角度来看待债券发行就必然会涉及任何一个相关问题。

罗宾斯勋爵（Lord Robbins）：必须牢记白宫的观点，尽管可能是无意识地，但它在某种程度上肯定受到了亚瑟·贝尔福（Arthur Balfour）宣言的影响。他是英国历任首相中为数不多的智者之一：他认为没有一个政府会在基于它自身缺乏责任的假设下立法。

弗里德曼：我同意这个观点，也不赞成政府这样做。我希望它们能基于其负责任的假设而立法，因为这意味着如果它们是真正负责任的，那么它们是没有任何损失的。发行指数化债券不但没有任何损失，还会为它们带来收益，因为政府可以以负利率来发行指数化债券作为开始。

戈登·佩珀（Gordon Pepper）：作为对这个问题的回答，在道义上我对此不做任何争辩。我认为我们政府的作为是不道德的，并且政府是有能力用 1972—1973 年期间同样的方法来扩大货币供给的。如果我听得没错，你认为即使通货膨胀是加速的，指数关联也是有帮助的。对此，我不能完全苟同，并且不能完全理解。

我担心当引入浮动汇率以后所发生的事情，可能也会发生在指数关联上。当引入浮动汇率以后，英国政府采取了完全不负责任的货币政策——由此导致的英镑贬值加速了通货膨胀。在高通胀水平逐渐破坏我们的民主结构之前，留给我们的时间是有限的。在此期间必须要教育那些英国政府的官员和掌权者们。我不希望看到政府对指数关联的滥用——发生类似于1972—1973年那样的错误，并导致通货膨胀加速增长。也许我们还能再犯一次错，但是绝不能再三犯错。早先我所提出的另一个观点是有关于工资指数化。如果由于这样或那样的实际原因，不可能实施工资指数化，那么某些工资政策是否为一种次佳的方法，以使得货币供给增长率的下降所带来的影响偏向于导致通货膨胀的大幅下降和实际经济活动的小幅减少？

弗里德曼：这些都是很好的问题。恕我直言，有关浮动汇率方面我也许会持有异议。我认为有必要进行货币贬值的政策都是不负责任的政府政策，如果任由货币进一步贬值，那么政府政策就更加不负责任了。我认为在英国，不负责任的政府政策使得汇率持续走高。从长远来看（如果我正确理解您的处境的话），政府无论是对石油国家还是其他国家都给予任何数量的英镑汇率的保障，这是愚蠢至极的。据我所知，的确有许多国家是这样做的。这种做法是正确的吗？我认为不应该因为不负责任的政策而责备浮动汇率制度，而是应该反过来。

下面让我们来回答你的问题吧。指数化关联的债券是如何加速通货膨胀的？佩珀先生毫无疑问会这样回答，如果政府发行指数化关联债券，那么随着时间的推移，当通货膨胀加剧时，必要的政府支出会增加。的确如此。问题是如何指数化关联债券。有两种不同的方法。第一种方法是在债券赎回时用到期价值或者票面价值乘以某个指数，同时年券息也乘以该指数，例如当债券收益为每 100 英镑支付 3 英镑时，如果通货膨胀率为 10%，那么券息就应支付 3.30 英镑，而票面价值就不再是 100 英镑，而会上升至 110 英镑。

另一种方法是每年支付的券息为票面利率加上通货膨胀率。因此，票面价值仍为 100 英镑，而支付的券息为 3 英镑加上 10 英镑，即券息率为 13%。现在看起来好像是第二种方法使得你进入了你所说的两难局面，而第一种方法没有导致这一后果。但并非如此，两种方法是相同的。第二种方法主要涉及清偿债券，以 10%的支付率来分期偿还债务意味着降低实际债务压力，这可以说是以相同的利率借入更多的资金。因此，指数化的影响并非在年利息的支付要求中增加通货膨胀率乘以债务的金额，只是要求支付通货膨胀率乘以利息支付金额。从量级上来说，我认为你们所谈及的比你们所假设的要小得多。

毫无疑问，指数化会增加利息支出，但通过降低其他支出，指数化的这种影响能够得以抵消。如果回到之前我提及且认为是正确的理论：政府实际上或多或少是愿意接受赤字的，因此所有支出都是通过增加由税务系统产生的赤字决定的——在我看来，指数化的主要影响是，为支付指数化债券利息而产生的更大的支出压力，政府必须要缩减其他开支。

最后，假设不进行指数化。此时，长期债券的销售会非常困难。可以肯定的是，对股票经纪人而言，现在的长期债券市场没有物价稳定时那么有利。但是如果你销售的是短期债券，市场便会将指数化的影响加诸财政部，因为只能以将预期通货膨胀计算在内的价格来销售短期债券。从长期来看，消费者们都相信通货膨胀率会较之前有所下降。难道最终就是这样吗？不进行指数化会使得每年政府的利息支出高于发行指数化债券时的利息支出，因为预期会赶在实际发生之前推高政府必须支付的利率，甚至高到不合理的程度。我试图要阐述的观点是，产生这些问题的原因可能是多方面的。

8. 收入政策：以阿根廷为例

现在，我们来讨论有关工资政策的问题。我想要谈及大卫·莱德勒（David Laidler）的一个观点。（希望此时在大卫曾学习过的芝加哥大学所在的国家，谈到这些观点是稳妥的。）我十分赞同他的观点，即如果你要表述的是政府对工资和物价的控制，那么就不使用“工资政策或收入政策”这样的词汇。在美国，对于专业术语的滥用让我们深受其害。而在英国也很可能如此。当人们说起采用“收入政策”时，意思就是要整顿市场并使其自由运转。我是支持这种政策的。但是实际上，他们讨论的是固定工资和物价是否能使人们更从容地度过过渡时期。我不能完全排除这种可能性，因为据我所知，在一个实证案例中，它是奏效的——即在阿根廷的案例中。回到 20 世纪 60 年代的某一年，政府决定要结束通货膨胀——这场通货膨胀在阿根廷是很罕见的。它太严重了，并非那种适度的通货膨胀。通胀率为 40%～50%，阿根廷政府宣布了一项新的货币政策，即严格紧缩性货币政策，并伴随有临时的固定物价和工资。通过改变人们的预期，降低随预期通胀一同呈上升趋势的工资，阿根廷政府以相当低的失业率成本，成功地大幅降低了通胀率。当然，这只是一时的成功。几年以后，通货膨胀又卷土重来。所以，应对通货膨胀很难有一个永久性的答案。

从理论上不能排除有类似这种方法的可能性，它在一定程度上能成功地抑制严重的通货膨胀。但这只是一个非常独特的个例。只有当通货膨胀率达到 40%或者 50%时，这种政策方法才可能奏效。当我们应对的是相当低的通货膨胀率时，不能将工资和物价水平冻结或者对其管控超过六个月。如果暂时不考虑所有的政治因素，假设有六个月的时间来应对通货膨胀，你会怎么做呢?

假设通货膨胀率为 20%。你尝试要降低人们在六个月内对物价上涨的预期，使其从 10%的增长预期降低到 0。在此过程中，要防止相对价格和工资以 10%的乘数变化。因此，要在现有的价格结构中引入一整个体系的价格扭曲机制。在没有任何工资政策的情况下，如果人们相信政府是在努力认真地对抗通货膨胀，那么有可能会更好地得到相同的结果。实际上，除非人们相信政府是认真的，否则工资政策也许并不会奏效。

远离这个所有条件都达到最优的纯假设案例的下一阶段便是如下现实，对工资和物价的控制实际上只是政府采取的一种政策工具，用以造成比原本更加严重的通货膨胀。那些认为这种工资和物价政策有效的人实际上是在支持通货膨胀政策，因为实际经验证明，每当政府即将推行通货膨胀政策时，它们就会实施工资和物价管控。

政府之所以这样做，是因为当政府不想要做某些与通货膨胀相关的事情时，它希望给人们以正在做这件事情的印象。正如希斯（Heath）先生在此提出的冻结政策，又如1971年8月尼克松（Nixon）先生的冻结政策。下面，我要在大卫·莱德勒所阐述的英国实例的基础上增加一个同样有效的美国实例。

9. 美国的经验

1969—1970年，美国实施了一项管制性货币政策。它就像是有魔法一般，使得通货膨胀率从1969年的7%左右下降到1971年8月15日固定为4.5%左右的水平。因此，我们经历了战后时期最温和的经济衰退，即通胀率在15个月或16个月内从7%（通胀率正在加速上涨，所以我们实际比较的是通胀率原本将要达到的水平和在原先基础上持续通货膨胀时的水平）下降至4%。

在1970—1971年，经济已经出现扩张的苗头，而通货膨胀率却不断下降。但是有两个事件发生了。一件事是，错误的黄金政策最终自食其果，并且政府必须采取一些行动来关闭黄金窗口。另一件事是，对此前的经济衰退仍存在着滞后反应，这导致各党派的政治家们叫嚣着经济衰退是如何严重：我们的经济增长不够迅速，应该加快增长步伐。这些都与尼克松先生为1972年的总统选举而密切关注的点——建立良好的经济环境相结合。这两个事件的发生导致他在1971年8月15日关闭了黄金窗口（黄金本身在此期间已变得不再流行），并用价格和工资冻结政策来掩盖这一举措，同时宣布了一些刺激就业的政策。毫无疑问，实施物价和工资的冻结政策是为了保证接下来的通货膨胀政策可以顺利实施。

我认为我们目前的状况正是从那时开始；我们的问题也是源于那个时候。正如大卫·莱德勒所说，通货膨胀政策最初是对产出产生影响，即使它被价格和工资管制政策所掩盖，但最终还是对物价产生了影响。管制政策随后失败了，并被废除。我们目前记录的12%的通货膨胀率是一个统计谬误，实际通货膨胀率并非12%。这一通货膨胀率的出现，一部分是因为在价格管制时期被抑制的物价开始上涨，另一部分是因为任何一个有点儿常识的商人都试图尽可能地抬高底价，以免又出台新的价格和工资冻结政策。这便是为何在美国的实际经验中，我们所见到的是记录的通货膨胀率迅速下降。

这一过程正接近尾声，真相终会揭晓，通货膨胀率会创纪录地下降。大卫·莱德勒所提及的危机之一便是，在尼克松实施价格和工资管制政策下，通货膨胀率为4.5%时，人们却都会松一口气并感叹——天哪，难道这样不好吗！我们又回到了8%的通货膨胀率（只有8%!）。并且人们还会说：我们已经采取了某些措施来应对失业……

注　释

［1］Cf. Brian Griffiths, "English Classical Political Economy and the Debate on Indexation", in *Monetary Correction*, Occasional Paper 41, IEA, 1974.

［2］与之对应的是英国的建筑协会。根本不同之处在于，美国机构的贷款利率是固定的，而房屋抵押贷款利率是可变的。建筑协会也会发行利率可变的投资。——编者注

［3］Parliamentary Under-Secretary of State, Department of Trade and Industry, 1970－72.

七、从加尔布雷斯到经济自由化*

I. J. K. 加尔布雷斯的传统智慧

1. 引言

首先我想声明，我本人对约翰·肯尼斯·加尔布雷斯（John Kenneth Galbraith）不持任何偏见。事实上，我的一些挚友包括约翰·肯尼斯都是加尔布雷斯学说的支持者。做出此点声明的原因是，人们通常倾向于将本该归因于意见上的真实差异归因于动机。加尔布雷斯着实值得我们称颂的原因，不仅仅在于其思想上的独立，而且在于他始终不遗余力地传播和推广个人观点并且在

* 本章包括于1976年8月31日和9月1日分别向经济事务研究所（IEA）听众演讲的两篇论文；最初发表于IEA Occasional Paper No. 49（1977）.

一些观点中融入知识。

在这一点，我是认真的。比如说，一项关于价格和工资管制的政策是其一般思想主体的边缘性内容，虽然肯尼斯·加尔布雷斯得到了许多其他学者的支持，他们运用许多其他的观点给予赞同或不时拥护他的价格和工资管制政策，然而据我所知，肯尼斯·加尔布雷斯是唯一严谨地提出一项理论分析以证明他个人观点的人。他在二战后不久在《价格管制理论》（*A Theory of Price Control*）[1]中进行了论证。尽管我认为他的分析有待商榷，但至少他认真尝试着提供一种观点依据。

甚至在一些主题和问题上，我和他持有一致的观点。我认为，在美国的环境下最重要的问题是征兵制。和我一样，加尔布雷斯多年来公开极力反对征兵制，即使他的一些最亲近的政治盟友［比方说，参议员爱德华·肯尼迪（Edward Kennedy)］持有相反主张。此外，大概两年前，福特（Ford）总统在上任后不久召开了一次峰会，邀请各种团体出席并讨论如何抑制通货膨胀。令我难忘的是在峰会的经济学家会议上，加尔布雷斯是为数不多的主张严肃对待通货膨胀问题并认为这是一个必须纠正的问题的经济学家之一，即所谓的“自由”经济学家。

2. 主张和证明

说到这里，我想继续分析他的个人思想和主张，但正如前面提及的那样，我会在充分尊重他本人和他的独立精神的基础上进行。当阅读加尔布雷斯的著作和其他相关主题的作品时，我有这样一个疑惑，即如何协调他对于他的观点的有效性的诚挚信仰与其他人对于其观点的无法理解两者间的关系——即便那些人赞同他的一般政治倾向——从而证明其观点的有效性。许多人从他的角度理解这一观点，虽然存在一些例外情况，但是我并未发现有任何严谨的学者曾验证过他的观点。肯尼斯·加尔布雷斯显然读到过这些评论和论点。我想向你提出的一个疑问是，如何将他对于该观点有效性的确信与其他人无法证明该观点两者进行协调。

对谁来说是丰裕的?

一种分析约翰·肯尼斯·加尔布雷斯传统观点的典型传统分析方法是，将他视为他在尝试着研究和描述这个世界，然后将他的个人主张与现实情况进行比较。在简单考察该传统方法的过程中，我们可能首先要提到

《丰裕社会》(*The Affluent Society*)[2]。这本书非常有意思，其恰好在“向贫困宣战”引起普遍关注前出版。现在我认为，与其说这本书是加尔布雷斯的反思，倒不如说它是支持“向贫困宣战”的著作之一。从一个基本的观点出发，我们确实生活在一个相对丰裕的社会，在这一点上，加尔布雷斯非常正确。“向贫困宣战”计划自提出之日起就造福了成千上万的公务员，使得他们得以大展宏图，并造福了成千上万的学者，使得他们得以针对贫困进行一项又一项研究。但是这些尚不足以帮助那些在经济和社会上处于最弱势的群体。

这本书的主要内容不是社会丰裕。它聚焦于其他主题：诋毁普通人的品位，诋毁那些喜欢图钉更甚于诗歌的群体的品位，诋毁那些喜欢大型汽车尾翼更甚于美观、紧凑和昂贵小车的群体的品位。这本书主张充分利用优势以扩大政府权力，其中的一个重要主题是声称存在私人富裕和国家贫困之间的矛盾。

一提到针对上述主题的评论，我不得不首先回顾加尔布雷斯于1958年发表的《丰裕社会》中对于亚当·斯密1776年《国富论》的一篇评论。我在此引用亚当·斯密的一段论述：

> 由此可见，英格兰王公大臣假装监督私人经济，

> 并且通过要么颁布节俭法令，要么禁止进口外国奢侈品来限制人们消费，这实际是最放肆、最专横的行为。他们不知道，他们自己始终并毫无例外地是社会上最奢侈的阶级。他们管理好自己的消费就足够了，人民的费用可以任凭人民自己管理。如果他们的浪费不会使国家灭亡，那么人民的浪费更不会使国家灭亡。

因此，我认为我们之中大多数人都会认可这样一种观点，即“公共富裕且个人贫困”更接近于现实世界的描述。我不禁要陈述亚当·斯密的另一个惊人评论，虽说与加尔布雷斯的著作并无直接关系，但也不能说毫无联系。

> 一个政府向其他政府学习技术，其最快学会的莫过于搜刮人民的技术。

可以肯定的是，这种技术已经为各国政府所掌握。

与他生活在同一时代的人的普遍反应与亚当·斯密的反应并无二致。当时的公众普遍批评加尔布雷斯以“尾翼燃烧者”的态度自居，就好比早期的焚书者。他凭什么可以告诉人们他们应该怎么做?

加尔布雷斯与广告

有一项研究是关于他对广告提出的批评。你会想起

《丰裕社会》的重要主题之一是加尔布雷斯赋予广告的巨大权力：这些对尾翼的偏好不是自然或天然形成的，而是由贪婪的生产商为满足自身利益而试图塑造的公众偏好。这会导致大量的研究扩展到从经济学角度来分析广告。首先，这些研究证明了大部分广告具有信息性而非说服性；其次，即使在说服性广告中，对于一家企业来说，最聪明的方式是了解公众所需，然后生产商品并广而告之，而不是试图塑造公众品位。然而，从加尔布雷斯的一般观点来看，更重要的是其强调不仅仅是私营企业做广告，政府和官僚机构也做广告，而且其广告的普及效果并不逊于私人广告。

政府支出的统计数据使得加尔布雷斯“个人富裕而公共贫困”的说法显得荒谬。所有研究统计的学者都清楚政府支出正快速增长。在美国，政府支出已由 1929 年国民收入的 10%增加到目前的 40%。在英国，这一数字已由维多利亚女王（Queen Victoria）继位 60 周年的钻石大庆时期占国民收入的 10%增加到如今的约 60%。面对这三项数据，很难坚持以下说法，即一国之贫困产生于私人挥霍而非公共挥霍。

抗衡力量——“邪恶三位一体”?

让我从加尔布雷斯的丰裕社会理论转向抗衡力量理

论[3]，乔治·斯蒂格勒曾经为这本书撰写了一篇题为《经济学家玩弄集团》[4]（The Economist Plays with Blos）的笔锋尖锐的评论性文章。加尔布雷斯在书中形成了一个论点，即权力的集中将会刺激抗衡力量的集中。大企业能激励产生大量劳动力，而两者联合会激励产生大政府。大企业、大量劳动力和大政府共同组成了一个神圣而非邪恶的三位一体。

乔治·斯蒂格勒和其他评论家就该论点给出了一个答案，即认为这些集中性组织总处于不同立场的假定是错误的。毕竟，相对于消费者而言，大企业和大量劳动力拥有相同利益。双方受各自利益驱使一同剥削消费者。在任何情况下，这非但丝毫不会形成一股抗衡力量，或者成为一种恢复稳定和抵消大型产业集群伤害的力量，反而加剧了伤害。卡特尔协定无法带来稳定；双边或多边垄断者之间签订的一些协定也无法带来稳定。在任何情形下，加尔布雷斯的整个观点实际上都是不正确的。在产业中，一些工会力量最集中的领域，反倒是雇主力量不集中的领域。比如在美国，煤矿工人团体是一个力量集中的主要联盟，能够通过担任行业的垄断代理方来为其成员争取利益，这是因为行业本身过于分散。煤矿工人实际上代表雇主运营着一个卡特尔，即企业联合组织。同样地，美国卡车司机工会当之无愧是全美实力最强的工会之一，但无法成为一些既存垄断企业的抗衡力量。之所以这样，部分原因是它能够从分散力量中获益。

“新工业国”路在何方？

近年来，肯尼斯·加尔布雷斯几乎从未关注过这个抗衡力量的主题。从很大程度上来说，他已经把这个主题抛在一边，这是因为他已经发现了一种更有吸引力的方式以达到相同目标。他通过其最富有野心的著作《新工业国》（*The New Industrial State*）[5]阐明了这种方式，在书中他力图引入托斯丹·凡勃伦（Thorstein Veblen）的著作《工程师与价格制度》（*The Engineers and the Price System*）[6]，并从詹姆斯·伯纳姆（James Burnham）的《管理革命》（*The Managerial Revolution*）[7]一书中得到大量帮助。

这本书在很大程度上从侧面反对抗衡力量的论点，并提出主导社会的是技术-管理阶层，即所谓的“技术结构阶层”。加尔布雷斯最伟大的能力之一是能够抓住关键词并将它们出售。他着实是一名杰出的广告商！我一直困惑为什么商业广告行业没有意识到并充分利用他的卓越才能。“丰裕社会”是一句广告语，而“抗衡力量”是另一句广告语。现在我不由自主地想到，如果你开始运用“技术结构阶层”这个略显生硬的词语，这确实不能够称得上是一句俗语、一个家喻户晓的词语，但是它貌似非常流行！众所周知，《新工业国》的核心主题是经济的关注点在于技术-管理阶层统治着社会。这些关注仍在持续广泛蔓延，使得个人的重要性无法与企业家相提并论：无论管理层采取何种措施，股东只是被动地审批，同时发挥着无关紧要的企业家职能。

根据加尔布雷斯的理论，管理阶层的首要目的是保证自身地位的稳固。通过控制企业货物和服务的供给方以及产品购买方，似乎可以取得地位的稳固。管理阶层似乎的确控制了供需双方，当然，这需要政府协助。管理阶层与各级政府部门建立了一个有效的联盟。在政府的协助下，管理阶层能保证其自身的未来。

它以垄断购买者的身份，即作为产品的主要需求方控制供给方。它运用具有说服力的广告来实现对需求方的控制。在加尔布雷斯本人的一系列著作中，这个从《丰裕社会》一书中提炼出的主题对于他的观点是极为重要的。在他看来，市场实际上发挥着非常小的作用。诚然，仍然有一些企业，如农业企业、小型服务贸易企业等等，本质上是受制于市场控制和市场压力的竞争性企业。但是如果将大型公司比作一只狗，那么它们就是这只狗摇晃的尾巴，加尔布雷斯认为这就是现代经济的特点。

另外，他的这一观点也被许多学者研究和抨击。约翰·朱克斯（John Jewkes）在其著作《创作之源》（*The Sources of Invention*）[8]中研究了加尔布雷斯关于主张小型企业已是明日黄花的观点，朱克斯借用加尔布雷斯的原话："一个良好的筹划使得现代工业中的少数大型公司成为一种能带来技术变革的几乎完美的工具"。朱克斯分析了此种主张，并在书中结尾处写道：

> 几乎所有的系统性证据都与任何该类学说背道而驰。然而截至目前，我们很清楚加尔布雷斯教授根本没有辩解或修改他本人的观点。[9]

缺少现实主义和理解

弗兰克·麦克法德齐恩爵士（Sir Frank McFadzean）从一个不同的视角抨击了加尔布雷斯描述的工业世界的有效性，而且他现在就坐在观众席中，如果我歪曲了他的评论，那么请纠正我。弗兰克爵士因加尔布雷斯缺少现实主义和误解了大型企业是如何运营的而抨击他。在某种程度上，他从内部抨击了加尔布雷斯观点的现实主义，并证明了一个观点，即由所谓匿名又缺乏人情味的委员会来运营大型企业并控制其未来发展这一说法只是一个童话而非准确的陈述，我认为这种观点是弗兰克爵士在10多年前[10]发表演讲时的总结陈词。

加尔布雷斯同样受到了 G. C. 艾伦教授（Professor G. C. Allen）的抨击，他在经济事务研究所发表的一篇杰出的论文[11]具有类似的立场，但更注重总量行为，如将行业视为整体，而非关注于某一特定企业的行为。最后，美国经济学家哈罗德·德姆塞茨（Harold Demsetz）进行了一些研究，他之前任教于芝加哥大学，目前任教于加州大学洛杉矶分校；他采用统计方法检验了加尔布雷斯提出的三个假说，以观察事实结果是否与假说一致。加尔布雷斯强调，国防工业是卓越产业的典型，它们有能力掌握自身的命运，因为它们能够获得政府的订单，并且能够有效地管控产品需求、价格以及其他。德姆塞茨进一步展开实证分析。[12]他分析了全美 13 家大型国防企业股票的市场行为。他发现，与所有其他股票的投资回报率相比，投资于国防企业股票的实际回报率在各年之间呈现出很大的差异！当时可能需要进入股票市场才能发现这种差异，而如今我们只需观察全美一些国防工业巨头的命运，如洛克希德（Lockheed）、通用动力（General Dynamic）等，便可知晓它们远不能掌控自身的命运。此外，它们甚至只需花很少的钱就能在其他国家播出具有说服力的广告。

“无证据”

德姆塞茨教授还研究了加尔布雷斯的其他两个假说。

你会发现德姆塞茨教授的文章[13]非常有意思，因为他在文中指出，从加尔布雷斯标准中提炼出可验证的假说是多么的困难。加尔布雷斯的语言非常笼统宽泛；他大体分析了整个世界。但是这些观点呈现的方式使得很少能够得出可验证的假说。除了国防工业相关的假说之外，德姆塞茨也通过多重关联许多企业的实证来验证加尔布雷斯理论提出的主题，即技术导向型公司为了加快产品销售会牺牲利润。加尔布雷斯的观点是，一旦你收购某家大型企业，同时控制了处于技术结构阶层的技术专家，那么他们不得不保证一定的最低利润以符合股东利益和让他们保持安静，但除此之外，他们真正想要的是销量增长。因此，加尔布雷斯认为他们愿意为了销量而牺牲利润。德姆塞茨继续收集公司数据，并按照加尔布雷斯使用的技术结构导向对这些公司进行划分。然后，他尝试观察公司利润和销量之间是否存在平衡关系。但是他始终没有找到任何证据。

另外，德姆塞茨还研究了加尔布雷斯的论点，即该类公司通过管控价格、广告和政府干预来防止其商业计划被扰乱。再次地，他通过实际观察该类公司是否比其他公司获得更为稳定的收入和利润进行研究。然而他还是无法找到支持加尔布雷斯主张的任何证据。

曲解经济理论和研究

还有许多其他针对加尔布雷斯观点的批评，包括许多政治上的盟友提出的批评，比如罗伯特·索洛（Robert Solow）[14]对《新工业国》提出的批评，他批评加尔布雷斯曲解了经济理论和最新研究。大量研究焦点集中于加尔布雷斯的一个主张，即大企业的管理人员可能会忽视股东。众所周知，股票市场会以极为间接但有效的方式产生影响。此外，无论企业的规模有多大，倘若管理人员通过该种方式牺牲利润而不是充分利用资源，那么会对股价造成影响。若股价被压低，那么这会刺激某些人大量买进股票，参与收购活动，并以此种方式剔除当前的管理层。而且，已经有足够多这样的实例表明，任何大型企业内的任一管理人员都能识别出其自身利益所在。

我发现一些国有化行业中的企业最为契合加尔布雷斯关于现代工业巨头的描述，这确实非常有意思，因为事实上不存在一个有效股票市场能够强迫管理人员提升企业利益。

据我所知，除了加尔布雷斯的个人主张之外，进行实证研究的主要目的是世界上不存在成功支持该观点的证据。这并不意味着没有人维护该观点。事实上有许多人认可这一观点。但我发现，没有科学研究能够证明这种世界观是有意义和准确的，从这一方面来说，对企业、行业或经济整体的行为预测，是可以通过实证来检验、测试并发现的。

3. 加尔布雷斯——科学家或传教士?

下面让我们回到开篇提及的疑惑方面。像肯尼斯·加尔布雷斯这样聪明、思虑周全和独立的思想家怎么会持有如此明显站不住脚的现实观点呢？我认为，通过重新研究加尔布雷斯的研究目的和方法可找到这个问题的答案。假使我们将他视为一名寻求改变宗教信仰的传教士，而非一位寻求解释的科学家，那么我们可以得到更全面的了解。因此，我们必须研究他的价值观、他的哲学思想以及他的意识形态，而不是研究他的证据和假设。为此，我觉得我们应当从他的思想观点而不是通过其他途径了解他的世界观。

加尔布雷斯是托利党激进分子?

在我看来，加尔布雷斯似乎一直是 19 世纪早期英国托利党激进分子的 20 世纪版本人物。你们中的一些人可能拜读过塞西尔·德莱弗（Cecil Driver）的著作《托利党激进分子：理查德·奥斯特勒的生活》（*Tory Radical: The Life of Richard Oastler*）[15]。19 世纪前期出现过一个名为托利党激进分子的群体，在我看来，他们当时的地位相当于今天加尔布雷斯的地位。他们和加尔布雷斯一样崇尚贵族制度。他们和加尔布雷斯一样是贵族制度中的成员。他们出身于贵族家庭，并在其他方面体现出贵族特质。他们相信贵族成员有义务服务群众，他们是社会中仅有的服务于群众的非利益相关群体，因为他们的贵族身份与生俱来，无须付出后天努力而获得，这使得他们有义务在很大程度上保证自身的非利益相关性。然而，他们认为不应当——而且加尔布雷斯认为他自己也不应当——运用武力将他们的观点强加于人民群众。他们的方式完全是家长式作风：他们作为父亲，他们的孩子将自然而然地意识到父亲的优越地位，而且他的价值观自然优于孩子们的价值观。正如托利党激进分子预料和认为的那般，群众会接受贵族阶层主导他们的价值观和信仰，这是因为贵族阶层当时正在为他们谋取福利。我认为加尔布雷斯的观点在本质上与上述观点是相同的。他不赞成以任何形式将他支持的价值观强加于人民群众。他知道在群众看来，他的价值观具有优越性，加尔布雷斯还认为倘若其个人著作能够充分正确地指导群众，他们将自行拥护这一观点，并主动接受他及拥护他的知识分子的管理。

因此，加尔布雷斯令我经常想起托利党激进分子，但是雪莉（Shirley）、威廉·莱特文（William Letwin）[16]以及其他人让我相信加尔布雷斯身上还有一种强烈的约翰·斯图亚特·穆勒（John Stuart Mill）的哲学激进主义。通过阅读莫里斯·考林（Maurice Cowling）关于穆勒和自由主义[17]的一些摘选，我可以快速并有效地证明这一点。你可以看到，莫里斯·考林认为，与约翰·斯图亚特·穆勒有关的这些摘选中也有点加尔布雷斯的影子。

第一：

> ……“高层次思想”应为他们生活所处的社会设置基调；因此……他们在通识文化方面的教育素养必须尽可能广泛地被传播。（p. 37）

第二：

> ……穆勒的基本原则是没有证据或哲学权威性的，但是均可被视作行为承诺，是宣称要获取世界本质的知识的结果和人的天职的导向：……我们不可避免地产生这样一种感觉，在这一点上，我们将他身上的傲慢与澄清事实的需要联系在一起。（p. 77）

要注意“澄清事实的需要”涉及他的个人主张是否具有科学权威性。

所有人都将“傲慢”的标签贴在加尔布雷斯身上。这也就解释了为什么考林会将之与穆勒相联系：因为加尔布雷斯将他的主张视为具有科学权威性，且已得到证明，但实际上并非如此。若借用考林形容穆勒的话，这只是一种行为承诺。

第三：

> 穆勒是19世纪最具争议的道德家之一。在每一个转折点，对现有社会的诋毁都必然会被调查……(p. 143)

最后：

> 如果一位作家相信他所传播的教义，并深感有义务信仰教义，则他不太可能揭示其局限性。(p. 147)

缺乏证据和教条信仰的调和

这让我回到主题：使加尔布雷斯的观点缺乏证据和他对于该观点的教条信仰相调和。我想向你展示如何将他的世界观与他的思想和哲学观点联系起来。

首先，加尔布雷斯的托利党激进立场暗示，大众的价值观劣于贵族知识阶层的价值观，当然，这在他的研究分析中贯穿始终。然而，倘若大众价值观是由行业中利己主义的倡导者所创建的，则他们的主张将不被视为有效或受尊重的。因此，加尔布雷斯为了强调贵族阶层具有塑造大众价值观的权利，就极为轻易地将这些大众价值观视为无效的，而仅仅是利己主义的倡导者所创建的产物。

这有着更深层的含义。如果可以通过广告改变价值观，那么穆勒的“高层次思想”也可能影响大众。毕竟，如果这些商业广告商可以塑造人的生活，那么由“高层次思想”来塑造人们的需要和价值观的社会就是有意义的。另外，由主要贵族领导的托利党激进派政治纲领获得了一些成功，因此让他们掌权便有了意义。

另外，如果你被自由市场所统治，并且自由市场是按照有效的消费者需求运行的，那么这会提供一种替代方式，即通过“高层次思想”统治市场。这还会使得自由市场规则难以或不可能得到贯彻。许多改革家——加尔布雷斯只是其中之一——对自由市场持根本性反对意见，他们认为自由市场会阻碍他们进行改革，因为自由市场让人们能够得到他们想要的东西，而不是遵从改革家的意志。因此，每位改革家都有反对自由市场的强烈倾向。特别是加尔布雷斯，他一定认为自由市场是微不足道或不存在的，否则他的整个思想形态（包括理性和可能性层面）将会崩塌。

如果说自由市场本身不是统治者，那么谁才是统治者？根据加尔布雷斯的观点，是那些没有道德权威的技术专家，而不是服务市场的企业家。而且这些技术专家是利益相关方，他们是自我选择的，为自己创造工作，并相互聘用。他们究竟有什么权力来决定大众的品位，或者决定应该如何利用社会资源？如果按照公众需求，让亚当·斯密设定的标准企业家运营社会，那么会出现一些道德权威。但是，技术专家不具备道德权威：他们按照自己的利益运营社会。

我认为这是加尔布雷斯观点的一个重要特征。它不仅证明了他对知识阶层统治市场这一主张的强调，还提高了它对整个公众的吸引力。我们所有人都希望有人能承担责任。发生的所有坏事并不是我们的过错而是其他人的闪失。另外，如果这些其他人不是我们所任命和选择的不知名官吏，那么就更好。他们只是以某种方式取得地位。

顺便提一下，如果由技术专家进行统治，且由技术专家根据自身利益来确定价格和工资，那么换成政府官员也未尝不可。然而，正如我之前提及的那样，加尔布雷斯对待价格和工资管控的态度事实上并不是他的中心立场。你可以忽视它，且保持他的立场不变。这确实处于他立场的边缘；它的产生纯粹是出于以下巧合，作为价格控制者，他碰巧花费了第二次世界大战的部分战时支出。

在我看来，对加尔布雷斯世界观的解读似乎可以将这些整体联系起来，并且解释他为什么固执己见。他对世界属性构成的分析对他维护他的价值观、他的思想和他的政治立场是必不可缺的。但它还解释了为什么其他人反对他的观点，包括我自己也是反对方。哲学激进分子，如社会党，抨击了贵族制度。在这一点上，他们与加尔布雷斯略显不同。另一方面，他们同加尔布雷斯的看法类似，也希望由领袖精英而非贵族阶层领袖进行统治。就这一方面而言，加尔布雷斯是他们的盟友。

精英还是贵族——两害相权取其轻

我必须首先声明，我自己反对被天生贵族或精英阶层所领导，但如果说必须受到一类阶层的统治，我觉得天生贵族阶层具有较少的恶属性，因为这些天生的贵族不太可能变得傲慢自负。他们知道这只是一个意外。当然，托利党激进分子因机缘巧合进入领袖阶层，他们身上散发出来的是可爱特质。他们认为，是他们的“位高则任重”赋予他们对其他社会阶层所负有的义务。但对于一位精英人士，如果人们知道他们比同龄人更有能力，他们会因此而获得领导职位吗？但愿不会如此！

当然更重要的是，对于应由贵族阶层来统治的观点，我本人持反对意见。我认为，假设我们有权通过其他而非说服的方式来决定对他人来说哪些价值观好、哪些价值观不好，我们任何一个人这样做都是极度傲慢的。当然，我们可能十分坚持自己的观点：我们可能充分相信诗歌要比图钉更好，或者图钉要比诗歌更好。但是对于我们中信仰人类个体尊严，且将人类获得超凡的自由作为社会组织目标的部分人来说：我们必须清楚，我们试图影响他人的价值观的方式只能是说服。我可以说，包括商业广告在内的说服方式，在我看来是一种言论自由的形式，根据《美国宪法第一修正案》中禁止政府采取措施干涉言论自由的规定，理应得到与其他言论方式一样的正当对待。（很高兴美国最高法院于近期制定了该条法规。）

加尔布雷斯与亚当·斯密

我相信这些是导致观点冲突的根本缘由。纵观历史，部分社会上层人士认为他们有权统治下层群众。从前，发展社会和经济组织避免上述结果的唯一方法是亚当·斯密在《国富论》中所拥护的方法：个体之间建立自发协作机制，即其中每个人都能够按照各自意愿，并根据各自的价值观自由地运用个人能力和资源，只要他不干涉其他人进行此类活动的权利。而加尔布雷斯的世界观与这种世界观发生了严重冲突。

加尔布雷斯不会不知趣地反对亚当·斯密的观点；他也从未这样做。他会同意我刚刚说的每一个词。但如果他碰巧在座，他会说：

> 啊，你真有远见。那不太现实。那不是世界真正的模样。技术发展和技术增长显得至关重要，因为我们有这些大企业、大政府和大机构。因此，你的描述只是一个梦想而已，是无法实现的乌托邦。

对于这个说法，我认为加尔布雷斯的各种批评是毫无依据的。相对于整个市场规模，这些大型企业实际上真算不上规模大，更比不上它们在 100 年前的规模。通过利用技术必要性进行更大规模的生产，不会也没有创造出大政府。技术发展所需的在福利项目、租金管制、政府住房和公共卫生方面的扩张不会导致技术必要性。这些都不会反映出技术压力。

但是它们反映了试图利用政治方法实现良好目标的做法是大错特错的。政府的发展反映了政治领域中的“看不见的手”，而这与经济领域中的“看不见的手”的方向截然相反。

在经济领域，那些试图仅追求自身利益的个人在一只“看不见的手”的引导下会提高公共利益。

而在政治领域，以加尔布雷斯为代表的那些试图追求公共利益的个人，在他们看来会在一只“看不见的手”的引导下进一步促进私人利益，但实际上这并不是他们的初衷。

4. 问　答

简单（错误）和复杂（正确）的经济思维

问题：我在工作之前在大学里学习了很长一段时间。尽管我同意您提出的大部分观点，但是令我感到十分困惑的是加尔布雷斯教授的理论和思想为什么比您的观点更契合于学术领域的受众？另外，您认为其中发生了什么变化吗？

弗里德曼：答案是否定的。我不是指严格事实以外的其他任何方式。加尔布雷斯的理论在学术界从没有被任何人采纳过，但被公众所接受。他的理论是针对广泛大众的。现在我想重新阐述一下你的问题：相比于像我这样的人的理论或论点，为什么他的理论会被公众广泛接受？答案是因为他的理论是更令普通公众满意的。他们很容易理解——很容易理解如果出现什么错误，那一定是有个恶魔在某处对你做出了错误的事情。另一方面，人们对于像我这样的人提出的一类理论着实难以理解。遗憾的是，这是一个很大的缺陷；让一个市场体系接受这些理论一直非常困难。对于市场的争论本身就是一个复杂的争论。它与一个复杂系统如何通过人们无法看到的渠道以及不可名状的力量间接地运行有关。这比让人们理解让特定的人绞尽脑汁为你做事的想法更加困难。相对于通过颁布一项法律或任命一位部长来解决某一问题的想法，人们更难理解通过允许市场的客观力量来解决问题这一想法。如果你碰到旱灾，好吧，你显然会任命一位旱灾部长！市场体系之所以能够存活，唯一的原因是它比所有部长加起来都更为高效和有效。若非如此，且如果市场体系不比政治体系高效 10 倍，那么我们所有的国家早就已经让市场完全被取代了。

现在回到你的第一个问题，因为我认为这是非常重要和有趣的。如果有人提到亚当·斯密学派，你可以想到一些斯密的学术追随者。如果我提到凯恩斯主义者，我们可以想到对凯恩斯理论和观点有贡献的那些人。然而，很难找到拥护加尔布雷斯观点的学术界人士。从根本上来讲，这是一个人的十字军。回到哲学激进分子。约翰·斯图亚特·穆勒不是唯一的代表；实际上有许多颇有威望的知识分子对这一论点有所贡献。如果提到加尔布雷斯主义者，你还会想到谁？我将此作为证据以支持我的答案，你的问题正是学术和知识界的困惑。

智利的通货膨胀

问题：……现在智利政府的一揽子政策在抑制通货膨胀方面成功吗？

弗里德曼：虽说这个问题与约翰·肯尼斯·加尔布雷斯没有多大联系，但我很乐于回答。首先我想明确一点，我从未指导过智利的经济政策！我不清楚过去一年多来是否有权力人物奉承或取笑过我。去年（1975 年 4 月），我在智利呆了 6 天，没有与任何智利人联系，但是有人传言我每天为智利政府献计献策。但是首先我要给你的答案是，智利政府从未遵循一项严格意义上的通货紧缩政策；它们将货币供应增长率从每月大于 20％降至每月 10％左右。现在看来是一次大幅度削减，并伴随着通货膨胀率的下降，通胀率从每月大于 20％降至每月 10％以下。根据我的理解——这些都是第二手数据，我本人没有研究最近公布的数据，但是通过与智利国情专家的交谈——有证据显示，货币供应增长率的大幅度下降导致了通胀率的急剧下降；这一结果带来的滞后过程比预期的更短。

如你所知，美国和英国在过去 100 年内经历的货币供应量变化与价格变化之间的滞后期都是两年左右。这不是一个自然的结果，而是由于两国都拥有一个在相当长的时期内维持相对稳定价格的体系。在智利、巴西和阿根廷这类国家，滞后期非常短。由于人们已经非常适应剧烈波动的通胀率，货币供应量变化数月后就会引起价格的相应变化。现在，根据我了解的智利国情，初始相对通货紧缩的政策已经取得了预期效果，包括通胀率降低及产出和就业率开始下降。另外，政府承诺削减政府支出、私有化企业，将企业重新交回私人手上，并实现汇率自由化。

据我所知，智利在非传统产业出口和国际收支平衡方面已得到快速改善。我听说，过去一年货币供应量的增加主要来源于筹资以偿还外债的必要性。过去两年来，圣地亚哥的农产品产量增加非常快，且工业产量下降，工业失业率上升，但是已经出现一个拐点，生产和就业指数现在开始上升。

加尔布雷斯的观点会成真吗？

问题：加尔布雷斯的观点会是未来的观点吗？

弗里德曼：不会。未来可能是由技术结构阶层引领，但如果这样的话，它将会是一个政府集体主义的技术结构阶层而非私人行业的技术结构阶层。加尔布雷斯观点的巨大危机是它强调了扩大政府作用的重要性。遗憾的是，尽管他很希望看到非利益相关的知识分子能够取代政府的作用，但事实并非如此。高度利益相关的官员将取代政府的作用，他们将在中心运行整个社会，因为这类社会总是倾向于被运行：因为集体主义社会减少并极大地限制了个人自由。

有两个不同的问题。什么是很可能发生的，而什么是能发生的？什么是需要发生的，而什么是发生的可能性不大的？我认为，许多大型的企业聚合来源于糟糕的政府政策，而不是技术层面的必要性。比起谈论英国，我可以更加自信地告诉你们，在美国，我们的税收制度已对企业合并施加了强大压力。政府专门为一些行业（比如电力、电话、通信、航空）的大型企业制定了控制和监管政策。最显著的例子是航空产业。20 世纪 30 年代，民用航空局开始对航空公司实行管控，由于自那以后没有批准一条新的主要航线，导致美国现在拥有的主要航线数量少于 1938 年的水平。而这并不是申请方希望看到的——实际上有许多申请方。如果我们明天撤销民用航空局，那么毫无疑问，无论如何，美国的航空产业都会保持一个非常健康的状态，拥有大规模的企业数量和少量的权力集中。广播电视行业同样如此。为什么我们有三大网络？因为联邦通信委员会禁止广播电视行业出现竞争。它阻止了付费电视、有线电视及任何一种创新的引入。假设我们明天撤销联邦通信委员会，同时拍卖掉不同渠道的经营权等等，那么毫无疑问，短期内我们就会拥有大量的非常有影响力并且十分高效的电视公司。对于其他行业亦是如此。

我认为，行业规模和政府管控之间的关系与加尔布雷斯的观点恰恰相反。他给出了大型企业的成长图景，接着让政府帮助它们制订计划。现在毫无疑问，实际上企业将试图利用政府达到它们的目的，而且往往可以取得成功。亚当·斯密在两个世纪前对此进行了阐述。但是在美国，两者的关系表现为，政府的政策促使产业集中和大型企业发展；而当缺乏政府的支持时，上述情况丝毫不会发生。因此，我不认为加尔布雷斯的观点有任何必要性，无论是目前还是将来。

但是我非常担心的一点是，我们的社会可能正朝着越来越官僚化、集体主义和社会主义的方向发展——这也是英国正迈向的方向。如果我是一位英国商人，那么对我来说有意义的事情是产生巨亏，但前提是我可以利用某地的外汇积累弥补这些亏损。然后，政府将介入来帮助我摆脱困局，并收购我的企业。从国外借入外汇，使人们能够在国内拿到钱，这就是英国政府接管越来越多的英国产业所采取的方式。现如今，人们能够拿出钱，这是一件好事：但是我不赞成外汇管制，我认为理应废除它，但我只是对过程进行了描述，解释为什么我认为英国应该沿这个方向而不是其他方向发展。有趣的是，弗兰克·麦克法德齐恩爵士专门抨击的加尔布雷斯的一个主要观点是："这些大型企业永远不会亏损。"你现在很难想到任何预测能更令人信服地与美国和英国的经验相矛盾。

经济政策的动机和后果

问题：到底有什么经验证据可以表明改革者的善意？

弗里德曼：这个问题非常有意思。我必须承认，我无法给出答案。但是，我并不认为这是一个关键点。重要的是另一个方面。

我说过，政治领域有一只"看不见的手"，那些出于好意的人们尝试利用政治体制来做好事，但这通常会导致最终服务于私利，而这并不是人们所愿意的。从总体上看，我认为，通过询问人们的动机来抨击观点并不是一个恰当的方式。这会让你陷入沼泽。首先，观点的对错与人们的动机无关。一个人可能提出符合自身利益的论点——但这并不意味着它是错的。重要的问题是：人们举止行为的方式会产生怎样的后果？我想指出的唯一一点是——让我们暂时代表人们放下私利，并猜测最佳意图。这会导致什么后果？坏的意图会使这些措施产生不好的后果，甚至好的意图也会导致不好的后果，这确实是一个真命题吗？我给出的答案是，即便人们怀有最佳意图——我不考虑他们的动机——还是会导致不好的后果。原因何在？

经济市场和政治市场

其原因是经济体制和政治体制之间的根本差异。具体来说，在经济市场，付款后便可得到想要的商品。而在政治市场，投出一票后不等于得到你想要的结果。现在，可以更简单地阐述这一显著的根本区别。当身处经济市场时，花掉一美元就可以得到一美元的等价物，因此我获得相当于一美元的激励，从而让我觉得物有所值。当我在政治市场投票时，我只是千百票中的一票，因此我的一票不一定发挥作用，只有当我是51％赞成票之一时，才能得到我想要的投票结果。因此，总的来说，我没有得到理性投票的激励。

假设我被要求或间接委托代表就对鞋征收关税的问题进行投票，那么获得这一信息值得我花多少钱？答案是一到两美分。另一方面，鞋业生产商面临着一个不同的情况：它们的利益过于集中；特定措施（关税）对它们来说意义重大。这值得它们花费力气使得该项措施获得通过。这就是为什么政治人物的政治私利会创建和服务于一个特殊利益集团而非大众利益。同样地，让人们怀有世界上最佳的意图来制定一项措施。谁有任何动机密切关注投票后会发生什么？公众倾向于相信穷人在住房问题上受到欺骗，因此他们赞成租金管控。然而，一旦建立租金管控部门，那么它代表谁的利益？这会持续循环——州际商务委员会（the Inter-State Commerce Commission）、美国食品和药品管理局（FDA），无论称呼是什么。政治过程中有一双“看不见的手”，它反对以私人利益为公众利益投票。因此，你不可能拥有一个实际上像市场一样综合考虑公众利益的政治体制。

我并没有真正回答你的问题——我不确信自己是否可以作出回答——但请允许我重申，我们将会做得更好，前提是我们没有直呼名字或询问动机，而是接受人们声称的观点。毕竟，我们要求他们为我们这样做！

其中一大难题是如何解释这种干预的增长。这是我们一开始就提出的问题。另一种答案是，对于我们中的大多数人来说，我们是出于个人利益赞成干预。当然，对于经济学家来说，政府管控和政府干预都不能为经济学家创造工作机会。并且所有经济学家都患有精神分裂症：他们的学科起源于亚当·斯密，这使得他们支持自由市场；受个人利益所驱动，他们支持政府干预。在很大程度上，经济学家们通过整体上支持市场，且只在特定情况下反对它来协调这两种力量。我们非常擅长于发现特殊情况——即存在外部效应、垄断、市场缺陷；因此，我们可以分到并享用一杯羹。我们可以支持市场自由化，与此同时又提倡这些不同的干预，这通过为经济学家提供工作岗位来提高个人利益。

II. 通往经济自由之路：由此及彼的步伐

5. 引　言

在我们开始讨论前，我非常想告诉你们中的一些人，尤其是亚瑟·塞尔登（Arthur Seldon）[18]，美国工会在某些方面不如英国工会。今天下午，当我为 BBC 录制一段短评时，我就发现了其中一个方面。在美国，如果一个像特伦斯·凯利（Terence Kelly）[19]一样的绅士拿着一台盒式磁带录音机采访我，那么当盒式磁带的一面录完之后，他必须将磁带换面，而当他回到办公室后，他会发现磁带被洗掉，因为换磁带不是记者而是技术人员的工作职责。因此他得确保他能够用磁带的一面录下所有音频！而在英国，我看到特伦斯——他带着一台录像机而不是磁带录音机——事实上里面放着一盒新录影带！现在我敢肯定这是技术人员的工作职责！为什么会出现这种情况？是因为工会认为BBC没有任何油水可捞吗？具体是什么原因，我不太清楚，但无论如何你会很高兴得知自己有一些优势。

由此及彼

我们得把主要问题“由此及彼”分成两类截然不同的问题。这个问题是解决你如何走出英国目前面临的情况的问题，即约60%的国民收入用于政府支出，且多年来通胀率起伏不定的问题。其中一类问题是你如何扭转局面，并使基本经济结构回到健康的方向。另一类问题截然不同：你如何解释各种社会福利或政府承担的工业干预措施？第一类问题与普遍的金融政策有关，第二类问题涉及具体的社会和经济政策。

6. 当前的金融要务

第一类问题是像英国这样的国家所面临的问题。假使你曾经希望，但现在已丧失意愿，你该如何使经济处于基本的健康状态？

渐进主义

现在对于这个特殊话题，我认为一个主要问题是渐进主义和休克疗法的对比。在任何情况下都不可能对这个问题给出一致的答案。如果你身处美国的当今形势，即年均通货膨胀率约为6%，政府总开支约占国民收入的40%——虽然我们面临的局面越来越糟糕，但是严重程度远不及英国——那么我完全支持极其渐进地回归到非通胀水平。我不太赞成明年内回到零通胀水平，因为人们订立了各种合同，包括以隐含相当高的通货膨胀率的利率签订的借贷合同。有一些雇佣合同，如建筑合同等，如果你一夜之间使得通货膨胀率从6%下降到0，那么将会扰乱个人自行做出的安排。我认为在美国，通过将通货膨胀率逐年降低1%的方式，有望在未来4～5年内将通货膨胀率降至零。依我愚见，应提前宣布政策，这样人们就可以进行自我调整。另外，我认为这是一种相对渐进地取得金融均衡状态的途径。

休克疗法

另一方面，举一个极端反例：一年前，智利面临的问题是每月通货膨胀率为 20%。现在，情况完全不同。通货膨胀率每年下降 1%的说法本身就很愚蠢。一个处于这种局面的国家很少签订长期合同。通货膨胀率快速上升的一个主要效应是人们不订立长期合同，因为长期合同的签订取决于未来通货膨胀率。流动性资源非常少。当时，智利的货币供应总量相当于日支付总量的三倍。这是勉强维持局面的最极端情况，因为当价格以月均 20%上升时，你当然会做出一系列安排以持有最低水平的现金量或非利息收入资产。据我以前的理解和我现在所知，在这些情况下，最明智的做法是休克疗法，即采取非常激进的措施。你得立刻削减支出，并尝试在短期内将通货膨胀率降到长期目标。

这些不仅仅是假设性问题。我们有大量的历史经验。近几十年来，有两个十分重要的时期阐明了使用休克疗法的有效性：一个是 1948 年的德国艾哈德（Erhard）时期，当时艾哈德在一周内终止了所有的工资和价格管控。

他在星期天执行了终止命令，因为美国、英国和法国的职业办事处周末不营业，它们将无法取消他的命令！与此同时，日本也经历了类似局面，以此响应一位来自美国底特律的名叫道奇（Dodge）的银行家的任务。日本同样对货币改革采用了休克疗法，发行新形势下的新货币，大幅削减政府支出，并令政府预算达到更容易接受的水平。这两个事例都产生了非常有利的结果。当然，突然的冲击也存在一些不利方面，但是这些影响只持续了很短时间，因为社会中并没有大量的长期合同，而长期合同是造成难以消除的高通货膨胀率的主要原因。

智利和英国

智利实行了休克疗法，但最终半途而废。它们将货币供应量增长率从每月 20%以上降到每月 10%以上，同时将通货膨胀率从每月 20%降到每月 10%。我对于智利的实例非常感兴趣，因为一些基础参数几乎与英国相同。智利政府赤字主要通过印钞来筹资，约占其国民收入的 10%。那时，英国政府赤字或借款需求，也约占其国民收入的 10%。

为什么英国能够成功地使通货膨胀率维持在年均 20%的较低水平而不是月均 20%？原因有两点。第一，英国可以从海外借入一半资金，但智利不能。第二，英国并未长期处于通胀状态，而智利却因长期通货膨胀使得居民减持货币，只保留仅够三天开销的少量货币。在英国，你们有更具规模的流动资产，因此比起智利，英国的通货膨胀更多的是一种生产税。通过印钞为相当于5%国民收入的财政赤字筹资，只需要通胀税达到年均20%～25%的水平，而不是智利的月均20%的水平。但如果英国继续维持该水平，这些优势必将消失，并且无法从国外借款。通胀税对生产性收入的贡献程度将逐渐下降，并且为了应对类似赤字，英国必然会面临更高水平的通胀。

英国采用的改良型休克疗法

英国的情况不同于美国，更不同于智利、德国或日本——它介于中间情况。然而，我认为英国远未达到德国、日本或智利的情况，因此英国很适合采用休克疗法，而不适合采用一个极其渐进的方法来缓慢并长期地降低通货膨胀率。我再次提及休克疗法，并不是说它能够在下个月帮助你们将通货膨胀率降至零。但为什么英国不试着建立指导方针和政策，在3--5年内将通货膨胀率降到零左右？对此，我找不到任何理由。

举措

为达到该目的，需要做什么？我指的是如何实施休克疗法？对于英国来说，当且仅当休克疗法能够使英国减少为偿还债务而新增的货币量时，该方法才能发挥作用。怎样才能做到这一点？

第一，最重要的是，你们必须削减政府支出。我毫不怀疑，在英国，非通胀政策的绝对必要条件是削减措施。我并不是说削减未来增长；我是指真正地、大量地削减政府支出。这是首要条件。现在请看你们的数据。你们的政府支出约占国民收入的 60%。你们的显性税收最多提高到国民收入的 50%，而只有税收体系会对就业、储蓄和投资产生严重的抑制作用。第一步必须将财政赤字的融资需求降低 10%。这意味着最低目标是在未来三年内将政府支出从占国民收入的 60%削减到 50%（大约是这个数字）。

你们可以制定更高的目标。将政府支出降低六分之一并不是一个很夸张的目标。它不会影响经济效率。毫无疑问，如果你们仔细观察英国每个政府部门，并且在每六位员工中裁掉一人，那么其他五人的生产效率将不降反升。英国在 1974 年 2 月一周三日工作制的行业经验着实是支撑这一观点的有力依据。但是，政治争议必然非常尖锐，因为削减政府支出的直接初始效应可能是增加失业。但事实并非如此。相反，它为人们提供了生产性就业。大多数失业人员将在相当短的时期内被吸收就业。

唯一的问题是：你如何如此大幅度地削减政府支出？我得到了一个非常简单的结论。只有一种方法能做到。不是寻找资金浪费的方面，也不是寻找最糟糕的工作场所，而是全面削减开支。你要做的是让政府每个部门、每间办公室具有逐年削减开支的法定义务。对我而言，唯一可行的方法是每个部门、每间办公室今年削减开支10%；明年再削减10%；后年再削减10%。只有通过这种方法你才可以按照你的意愿削减部门支出。只有通过这种方法你才能考虑到这种特殊情况，即让部门间产生竞争机制从而使总分配机制发生变化。但是，一旦你开始走上这条路，即“我们要找到浪费之处”，你会发现这是普遍情况，然后你便有机会从每次特殊活动中得到特殊利益，从而承担全部压力；接着你便回到了一个特殊利益政治的故事里。

我认为，大众更有可能支持这项政策——事实上，他们已经开始支持这项政策，即“我们将在未来2～3年内，使政府支出占国民收入的比重从60%下降到50%，我们将采取全面削减措施”。如果你们开始和公众争辩：“我们可以略微削减一些部门支出”，或“这里有许多不必要的活动”，那么这种政策几乎是没有可能获得公众支持的。如果我从经济学的观点出发，全面削减政府支出才是一种明智选择。

采用休克疗法进行税收系统改革

第二个必要条件当然是重组税收结构。这里我想再次重申，英国真的需要采用休克疗法，而不是朝着这个或那个方向的逐步渐进行动。在美国和英国，人们都意识到我们当前的税收制度一团糟。现行的税制实际上未能达到任何其所宣称的目标。它对处于相同税收等级的人采取区别化征税，这取决于他们的收入来源和他们是否可以逃税。

对于来英国旅游的外国游客而言，最明显的一个疑问是他们不明白这样一个站在毁灭边缘，生产力一直在走下坡路，生产效率严重低下，以及政府多年来一直奉行平均主义的国家为什么会有如此多的劳斯莱斯汽车。这些劳斯莱斯汽车是怎么来的？接着你再看看二手劳斯莱斯汽车的售价。为什么这么多人会花 1 万～2 万英镑去买二手劳斯莱斯汽车？答案很简单，没有人比你们更清楚。如果有钱人想要让资产保值并购买交通工具，那么这应该是世界上最简单的方法。如果不是投资劳斯莱斯，而是投资收益型证券，则大部分收入会流向国税局，但是投资劳斯莱斯不用支付其他费用。举个例子，一个人为购买劳斯莱斯投资 3 万英镑。如果他将这笔钱用于投资收益型证券，且收益率为15%，那么他每年能够获得的总收益为4 500英镑。假设他处于98%的税率等级，那么税后年收益仅为90英镑。换句话说，他全年只需花费90英镑就能开劳斯莱斯！这是他能够想到的最便宜的交通方式！另外，持有资产的一大优势是可以保存部分资本价值。如果他投资政府债券，那么每年资本价值都会减少，甚至可能不够缴纳政府税收。因此，从这一点来讲，英国的税收制度不鼓励储蓄和投资，反而鼓励奢侈"炫富"型消费。

再者，如果一方面，我问一个老板雇用一名员工的成本，另一方面，我又问一个员工的净收益情况如何，那么我会发现英美两国的税收系统都引入了一个非常大的楔子。我不明白为什么人们无法理解这样一种现象，即高失业救济金伴随着较低的就业率。这可借鉴经济学原理：如果你对任何东西的需求上升，那么供给就会随之上升。在英美两国，失业更加吸引人。我们增加了对失业的需求，那么失业供给将随之上升。同时，我们对雇主征收重税。如此一来，我们让雇主不愿意用人。雇主花费的成本和员工的净收益之间的楔子越来越大。

指数化和降低税率

对于美国的税收制度，我有发言权，但是我不太了解英国的税收系统，因此难以描述如何去重构其税收制度。但我知道其中的基本特点：第一，将税收制度指数化以消除将人们推向更高纳税等级的通胀趋势，同时消除政府将通胀作为一种融资方式的诱惑。第二，在减少特殊津贴的同时，大幅降低边际税率。如果你们对全部收入征税，无论是赚取收入还是接受资产都不能免税，那么你们可以按极低的税率提高当前的税收。美国的税率范围是 14%～70%，而英国的税率更高。但如果取消美国采用的特殊减免和所谓的所得税漏洞，那么税收收益的提升幅度与取消的个人免税额度相同，我认为这一统一比率在 16%左右。但在实践中，税收收益提高幅度远大于此。

大约一年前[20]，我写了一篇专栏，其中我得出了一个结论，我认为美国政府不用修改税法，只需将所有 25%以上的所得税税率等级下降至 25%，就可以获得比当前个人所得税制下更多的税收。这一变化将带来更多的税收，因为它会使人们无法从当前采用的税收噱头和漏洞中获利。纳税人将上报更多的税收。纳税人和国库都将钱包鼓鼓。人们对税收政策认识的一大错误是将政府税收收入等同于纳税人承担的税收成本。但事实并非如此。因为存在税收制度，纳税人被诱导做各种对他们成本很高但又不能使政府产生收入的事情（以避税或逃税的形式，包括不工作或不从事其他高税率的职业）。正是由于纳税人承担的总成本和政府的总税收收入之间存在的这种差异产生了减税的可能，从而有利于国库和纳税人。这是你们亟需的第二个休克疗法，即对税收制度进行重大修改和变革。

关于你们如何回到非通胀状态，我还有一件事要说。我认为，强调如何减少货币供应量是正确的，但假设这种简单治疗法不会影响到其他人是错误的。真正的问题是，如何调整预算和政府支出，才能降低货币供应量增长率。

7. 给政府松绑

我们在此假设，奇迹般地存在一种政治体制，致力于从一种英国已有而美国正在迈向的国有化福利国家，向拥有大量自由化企业，且人们拥有更多可支配资源的国家转变。对于这一转变进程，你会想到哪些相关的普遍原理？

通过拍卖或赠送实行非国有化

再一次地，在某些情况下，立即摆脱它是合适的。

大多数情况与经济活动国有化有关。我认为“我们打算逐步私有化钢铁产业”或“我们将每年向公众出售1%的钢铁产业”这种说法没有任何意义。显然，只有将钢铁产业、铁路产业以及目前由政府运营的所有产业进行拍卖才能摆脱负担。这里有可以进行拍卖的各种方法，但目前很难拍卖钢铁产业，因为保守党政府曾拍卖过钢铁产业，接着工党政府又再次将钢铁产业国有化，任何再次购买它的个人此时会非常不确定自己是否能保有所有权。我给大多数人的一个可行建议是不拍卖钢铁产业，而是赠出其股份，让每位公民都能分得一股。

归根结底，假设的观点是英国人民都拥有钢铁产业，钢铁产业成为全民财产。好吧，那么为什么不给每位公民分配股份？你可能会说这不太可行。5 500万股不是一笔小数目——但为了保证这些股票在市场流通，英国将不得不重新引入四分之一便士，以便人们能够进行买卖。

互惠基金

但在我看来，英国可以采取一种完全不同的方式。你们不仅有钢铁产业，而且有电力、BBC、铁路和公路运输业等等。假定你们创立了一个互惠基金，可以在所有企业间分配股票，然后给英国5 500万公民每人分得一股。现在说的量级是完全可行的。

我不认为个人会觉得互惠基金中的一股少得可怜。我真的不明白为什么你们不采用这种方法，它符合每个社会主义价值观。企业属于人民；因此我们要把企业赋予人民。这种方法有一个很大的优势。如果你试图单独拍卖这些产业，政府将从中获得收益，这会产生浪费。但如果你们把这些产业分给人民，这等同于建立了一个市场，你们将在很短的时期内看到市场的自我松绑。首先，个人可以买卖这些分得的互惠基金股票。其次，互惠企业将看到一个股票市场的建立。你可能需要 3～4 个互惠基金。在此，我不想过多赘述；我想总结出一些原则。基本原则是用给予公众强烈激励的方式来实施，而不是以政府简单地从其他渠道获得税收的方式，正如英国政府在出售钢铁产业后重新将其收归国有。我认为应该立即实行该类松绑政策。

以盈利能力为目标

但倘若现在大部分产业出现亏损呢？一旦这些产业从政府管控中解放出来，就不会出现亏损。你们可以一次实现双重目标：在减少政府赤字的同时，建立更有效的私有经济。“产业私有化”可能比较合理——将这些产业并入互惠基金——让议会提供 1～2 年的补贴保证，以重振工业。

让我们暂且抛开政治问题来研究经济问题。假如我说我想拍卖钢铁产业，那么当前国有企业的市场价格可能为负。因此，政府可能将拍卖过程描述为："谁想从我们手中买走钢铁产业，以获得最低补贴？"你也可以获得互惠基金。但是从政治角度出发，我认为在公众间分配股票比通过向他人支付来处理这些国有企业要好得多。倘若工会反对拍卖，那么将国有企业交给工会。

8. 通过渐进主义精简政府

现在我想继续谈谈你们需要逐步实施的其他政策。在一些典型情况下，政府可能使个人依赖于政府补贴，但你们又不能一夜之间将个人弃之不理。由于英美两国已经采取福利国家惯用的措施，所以有数以百万计的人民依靠国家补贴来维持生计，因此，我们不能简单地说我们要在一夜之间停止发放补贴并将他们扔在大街上。那么问题有些不同。你们怎样进行安排，才能在废除这些补贴项目的同时，又不辜负公众固有的期待呢？

教育券或现金

在此，我认为一个总体适用原则是你们可以试着提供服务类的代金券或现金支付，或向特定人群发放代金券来代替对每个人进行全面支付和补贴。

教育券方案受到了广泛关注。当然，我认为唯一可行的方法是从现有的政府主导的教育体制转变为具有自由竞争市场的教育体制。这是一套可取的方案。我认为教育券体制的优点体现在两个方面。第一，它引入了选择，允许学校间竞争。这种优点受到了最多的讨论。但目前我想谈谈另一种截然不同的优点。

这就是教育券体制可以逐步降低部分政府负担的成本，从而使得经营活动返回到私人部门。对于以下这个抽象问题：政府教育供给是在贫穷社会更多还是在富裕社会更多？或者，是贫穷国家的父母还是富裕国家的父母更愿意为孩子的教育买单？几乎每个人都会回答："显然，富裕国家的父母更愿意为孩子的教育买单，而贫穷国家的政府教育供给更多。"但从历史经验上来看，两者的关系一直呈现相反态势。

在英美两国，随着富裕水平的提高，国家承担的教育总经费将增加。为什么？我认为主要原因是政府通过运营教育机构来负担教育经费。它们设立并运营了一些学校，因此个人无法用边缘化的方法使用私人经费。随着社会变得更加丰裕，大部分人想要更多的教育支出，但由于教育是由政府供给，这使得政府教育供给增加。

教育券体制的一个最显著优点是它指出了另一种方向。如果你有一个固定面值的美元或英镑教育券，随着社会变得丰裕，人们就会受到增加面值的激励，用边缘化的方法使用私人资金改善他们孩子能得到的教育和教学条件。你可以想到只要你能阻挡提高教育券价值的政治压力，政府教育总经费就将随着时间的推移而降低。接着，政治压力将不会只转移到一处；至少可以通过补充国家供给进行转移。也许事实上无法转移政治压力，但只要你们中有人渴望回到自由社会，我认为这就是使用教育券的一个显著优点。

反向所得税

这同样适用于住房券或医疗券。当然，其最根本的意义在于消除了特定券，并得到以反向所得税形式存在的通用券。在此我想再次指出反向所得税的一个优点——（我曾称之为“负所得税”，但在英国它被称为“反向所得税”。我必须得说，称之为“负所得税”更贴切，因为它指的是一种税收补贴，而“反向所得税”

是——我不知道它到底是什么。无论如何，按你们的意思来称呼它吧。)[21]——它的一大优点是你们不需要建立一套体制通过特别供给来提供医疗服务，或者通过特殊服务等提供住房和教育，等等。首先，要建立一个官方机构来管理每项服务，而且维持和拓展运营会产生非常大的经费压力。依我看来，英美两国中促进政府福利措施扩大实施的强大力量并非源于大多数公众的需求，或者善意改革者的施压，而是源于为了管理它而扩大公务员部门所产生的内部压力。

我不知道有多少英国人读过派特·莫伊尼汉（Pat Moynihan）关于美国家庭援助计划的专著[22]，它用以解决尼克松先生在任职期间提出的本质上是“负所得税”的问题。莫伊尼汉专著的主题是，该提议会遭到福利机构的强烈反对。事实上，福利机构真的制造麻烦，并否决了该项提议。[23]如果从另一个角度来看待这个问题：如果你们可以通过一项“负所得税”的提议来替代而不是补充所有特殊的逐步计划，其显著优点是它能减轻来自官方机构的压力。同时，它还给予人们一些希望，即你们可以在一段时期内逐渐减少政府经费的投入（例如教学条件），而反对私人经费供给。

过渡阶段：特殊实例

关于过渡阶段问题的最后一点：在美国，我试图找到一些关于特殊实例的详细信息——社会保障、教育、住房等等。虽然我无法在英国找到这些详细信息，但是我认为存在两大基本原则：第一，尽量利用市场机制以抑制特殊类经费的投入；第二，引入一种可以自我消失的渐进主义。

下面让我来回答你们提出的问题。

9. 问　答

削减转移支付

问题：就上面一点而言，弗里德曼教授解释了福利性支出：在政府60%的国民生产总值中，大部分是转移支付，即从社会富裕阶层转移到社会贫困阶层的现金补贴。此外，如果我们削减了10%的政府支出，那么你们应从哪些方面削减补贴呢？短期内你无法在官方机构削减补贴；但也许在长期可以做到。您是否认为应该在短期保值的同时尝试引入代金券或反向税——我们目前称作“税收抵免”——当然在该种情况下，对于其他项目（如公路项目）的政府补贴削减量将会大幅下降。

弗里德曼：不，我不会保留转移支付的实际价值。

如果你能想到用“负所得税”代替失业和医疗保险等计划，并将这些计划捆绑，那么由此产生的成本将比你目前承担的要少得多。重要的是，你们目前在转移支付上的经费并没有流向穷人。相反，大部分经费流向了非贫穷阶层，其中一个主要原因是不同福利的涌现。如果某人有资格单独申领福利 A、B、C、D 和 E，当你将这些福利捆绑到一起时，他能得到的补贴远比任何人认为合理的要多。因此，我认为削减转移支付的做法较为合理。

顺便提一下，我不是指削减 10%的政府支出，而是削减占国民收入 10%的政府支出，这相当于削减 17%的政府支出，而不是 10%。其目的是将政府支出占国民收入的比例从 60%降到 50%。但是，我不清楚为什么不是削减部分所谓的转移支付。

教育券成本

玛乔丽·塞尔登（Marjorie Seldon）：经常有人问我，你们究竟是如何协调对于削减政府支出的需求和教育券体制的，因为如果你们向每个孩子发放教育券，那么对于 5%、6%或 7%的接受私立教育的儿童，其支出理论上约为 1.4 亿英镑。因此，他们认为你们实际上增加了公共支出。

弗里德曼：我对此持反对意见，我常说我打算计算一下教育券的发放规模，运用的具体计算方法是将当前的教育总支出除以学生总人数。通过对比数据，我发现在相似教育质量的条件下，私立教学经费大约占到国家教育体制经费的一半左右。事实上，我觉得这个现象非常有趣。通过一种经验归纳，无论是何种产业，国家经营所付出的成本都相当于私营企业付出的成本的两倍之多，我的儿子[24]有一次叫我关注这个归纳结果，令我们吃惊的是，数据太精确了。美国进行了一些关于生产力比率的研究，这些研究通过处理人们在政府社会保障体系、私人保险体系以及私人商业保险机构中的账户，得出的结果令人惊讶，即生产力比率为 2∶1。美国的一些城市和州开设了私人的营利性消防部门：比如说亚利桑那州斯科茨代尔市，有一家私营消防部门通过收取费用保护公民免受火灾。事实证明，它的开支仅为市级消防部门的一半。我不想过多地讨论 2∶1 的生产力比率，但大致确实如此。毫无疑问，不同学校之间至少有 2∶1 的差异。因此，如果你将当前的总开支除以学生总人数，就不会增加任何支出。你可以将向公立学校学生发放的教育券总数减少 5%～10%，或其他比例。但凭借较少的教育券，他们可以购买到比现在更优质的教育，因此每个人所获得的教育质量都会得到改善。

关于教育券的实验

塞尔登女士（Mrs Seldon）：你提倡进行实验吗？你可能无法得到市场反馈，因为人们可能觉得这是临时实验，而且可能走到尽头。所以，如果你在全国范围内推行该项举措，你将不会得到本该得到的该类反馈。你还会普遍性地引入该项举措，而不是仅在有限领域引入吗？

弗里德曼：我不认为这是一个抽象问题。我觉得全面采纳教育券在政治上是不可行的，除非已在实验过程中试行通过。我想向你保证，通过一次实验不会得出与真实情况类似的结果。但我肯定会支持实验，因为我想再次指出，如果你讨论的是一个体制比另一个体制好5%，那么你指出的实验难度问题将变得非常重要。然而，你谈论的是一个在效率上相当于国家体制两倍的体制。所以，尽管你的实验设计不甚完美，但仍然可以得到非常显著和有效的结果。此外，如果你的实验周期长达5～6年，结果会证明教育无须长期资本投资。你会让人们开设临时学校。所以，我认为你将会对你能获得的实验反馈的程度感到吃惊。可惜的是，我们在美国进行的实验效果不甚理想，所以我们无法为你提供更多证据。

对教育券体制的政治干预

史蒂芬·埃尔斯（Stephen Eyres）：对于教育券和反

向所得税作为一种引入或恢复市场进入国家提供的领域的方式，我开始有一些不同的想法。因为尽管市场导向型政府可能会引入教育券体制，但是这不会妨碍干涉主义政治家对此施加干涉方案，譬如主张为特殊利益团体或特定区域发放额外教育券。如果我们提出在一段时期内逐步取消教育券，那么问题是人们不喜欢已获得的利益被拿走，而政客们可能提出应增加或至少维持部分国家财政拨款。

弗里德曼： 当然存在这些难题。我的问题是：还有别的选择吗？对于高等教育领域，我 100％赞同你的看法。我认为正确的做法是贷款：这是毫无疑问的。但是我们现在讨论的是小学和中学教育。我并不认为较低税费可以解决你提出的政治问题。恰恰相反，我觉得它会使这些问题更加突出，因为它会鼓励引入与收入相应的税费作为征收所得税的一种补充方法，这会与你们的补偿性教育券安排发生冲突。

利用较低税费安排并未能解决政治问题，反而使问题更严重了；同时，只要是国家开校办学，且税收被用于资助学校本身，那么你们就没有一种内在机制来制定反制措施。可以看到，教育券体制的一个优点是，只要它鼓励私立学校，那么它就会倾向于组建一个有意维持教育券体制而不是去公立学校的特殊群体。但是，倘若你实行较低税费，那么你就无法发挥这一优势。

反对“投票动机”

克里斯托弗·塔梅（Christopher Tame）：怎样才能防止政客们在增加教育券货币值的方案上产生分歧?

弗里德曼：没有任何办法。此外，还引出了一个上面未提及的不同的补充性问题。你们怎么防止，或者说你们采取何种方式来避免“投票动机”?[25]据我所知，只有一种方法可以完全避免，即通过某种特别强烈的公开承诺来集合，而不是采取个别行为。你可以看到投票动机发挥作用的一个重要方式，即政治体制的缺陷，是每个个体组织倾向于以牺牲大多数群体为代价，达到按自己的方式行事的目的。因此，特殊利益群体在抨击大众方面拥有共同利益。

在美国，我们一直尝试找出一种方法，这引发了广泛关注。当然，我们有成文宪法，而你们没有。我们努力制定宪法，以限定政府在各方面的支出占国民收入部分的最大货币量。几年前，加州州长里根（Regan）倡议了第1号提案，这是加州宪法的一项修正案。它将加州政府的支出限制为加州收入的相同比例，并随着时间的推移逐步降低这一比例。但该提案以大约47∶53的微弱劣势未获通过。今秋，密歇根州也将投票通过一项密歇根州宪法的修正案。与此同时，其他三四个州也即将对类似提案进行投票。此外，许多国会议员提议将其引入联邦宪法修正案，并且南方州长会议下设委员会已经着手解决这个问题，他们撰写了一项联邦宪法修正案，并即将游说南方各州州长支持这项修正案。

问题是你只有一种方法来打击投票动机，即对政府范围设定普遍接受的限制。它们可以是成文宪法限制或非成文限制，就如同英国的情况。19 世纪，英美两国政府范围都受到了限制。我认为，现在很难设想可以限制政府参与活动的范围，但限制政府总支出仍可行。你首先需要做的事情是综合考虑个人遇到的所有特殊困难，将其归纳为一个大的整体，并能通过一次性改革实现某一目标而无须永远保持警惕。

美国的最大优势是能够获得一项宪法修正案。一旦国会批准宪法修正案，那么它就难以被推翻，且国会无须一直致力于宪法修正案这项工作。而在英国，根本没有这种可能。比方说，如果美国通过一项旨在限制联邦政府总支出的宪法修正案，例如限制为国民收入的25%，那么这会激起特殊利益集团之间的斗争。

关于改革有效性（速度）的证据

问题：关于您提出的什么是将资源从低效单位转移

到高效单位的必要条件这一点，您有任何证据能够说明哪种转移速率是可行的吗？

弗里德曼：如果你们看到我引用的实例，你们就会发现德国和日本是两个最极端的例子。初始情况已经变得非常糟糕，而且拉尔夫·哈里斯（Ralph Harris）在前面已经指出[26]了短期悲观主义者认为在情况变好之前，它会首先变得越来越糟。而值得一提的是，日本和德国都在非常广泛的范围内快速地得到恢复。令我印象深刻的是，英国同样进行着快速改善，这是因为英国目前的情况很糟糕。二战前，英国的人均实际收入是德国和法国的两倍，但现如今，德国和法国的人均实际收入是英国的两倍。无论英国的状况和其他相似国家之间的差距有多么巨大，英国都会快速得到恢复。日本之所以能长期保持高速增长——近期巴西的情况也非常类似——其原因是同其他国家相比，最初日本的经济处在一个非常低的水平。

心理冲击？

问题：在德国和日本，重要的不是机制，而是心理冲击改变了人们对于财富和其他一切事物的态度。但我暂时还无法得知在英国是如何产生心理冲击的。

弗里德曼：巴西可能更契合你举出的实例，因为那里就存在这种心理冲击。它对所有机制都存在，即由于引入指数化才会带来一些价格释放和浮动汇率。

注　释

[1] Harvard University Press，Cambridge，Mass.，1952.

[2] Hamish Hamilton，1958；Pelican Books，1962.

[3] Published under the title *American Capitalism*：*Concept of Countervailing Power*，Hamish Hamilton，1952.

[4] *American Economic Review*，*Papers and Proceedings*，May 1954，pp. 7—14.

[5] Pelican Books，1969.

[6] Harbinger Books，1963；Augustus Kelley，New York，1970.

[7] Indiana University Press，1960（reprinted by Greenwood Press，New York，1972）.

[8] 与大卫·索沃斯（David Sawers）和理查德·斯蒂勒曼（Richard Stillerman）合著，Macmillan，London，1959（2nd ed. 1969）.——编者注

[9] Ibid.，p. 227.

[10] *Galbraith and the Planners*，Strathclyde Uni-

versity Press，1968.——编者注

[11] *Economic Fact and Fantasy*：*A Rejoinder to Galbraith's Reith Lectures*，Occasional Paper 14，IEA，1967（2nd ed. 1969）.——编者注

[12] Economics in the Industrial State—Discussion，*American Economic Review*，May 1970.——编者注

[13] "Where is the New Industrial State?" *Economic Inquiry*（*Journal of the Western Economics Association*），March 1974.——编者注

[14] 罗伯特·M·索洛（Robert M. Solow）教授的批评观点，"The New Industrial State，or Son of Affluence"，发表于 *The Public Interest*，No. 9，1967，加尔布雷斯教授就同一问题予以回应，发表了文章《对评论的重新审视》（A Review of a Review），索洛教授予以反驳。另一较为友好的评论观点来自詹姆斯·爱德华·米德（J. E. Meade）教授。——编者注

[15] Octagon，New York，1946（reprinted 1970）.

[16] 威廉·莱特文（Willian Letwin）是伦敦政治经济学院的政治学教授。他的妻子雪莉·莱特文（Shirley Letwin）在伦敦政治经济学院从事教学和其他工作，是《确定性的追寻》（*The Pursuit of Certainty*）一书作者，该书在1965年由剑桥大学出版社出版。——编者注

[17] Cambridge University Press，1963.

[18] 参考偏离货币主义者的一项观点：工会不会直接产生通货膨胀。这项偏理性观点认为，在英国，工会处于较强的谈判地位，它们会诱导政府进行通货膨胀以刺激需求，并因此而避免伴随着无法以更高的价格转嫁的垄断劳动力成本而产生的失业。这一通胀过程不是“成本推动”的，而是“政治家推动”的；通胀的动机或者工具仍然是货币供给，只是被政府垄断错误地实施了。——编者注

[19] BBC的采访者；他是BBC广播节目《日界线》(Dateline) 的制作人。——编者注

[20] Newsweek，12 April 1976.

[21]“反向所得税”这一专业术语出现在IEA writings：Policy for Poverty，Research Monograph 20，1970；Choice in Welfare，1970，1971。原理很简单，如果税收是对财政的一种支付，那么反向所得税就是财政的对外支付。——编者注

[22] Daniel P. Moynihan，*The Politics of a Guaranteed Income*，Random House，New York，1973.

[23] 在英国提出的教育券提案，以及由肯特郡议会推行的实验（*Education Vouchers in Kent：A Feasibility Study for the Education Department*，Kent County

Council，1978)，主要受到教师国家工会教育局的反对，而不是教师发言人的反对。教育券的提议还遭到以下这篇论文的反驳，Layfield Committee (*Local Government Finance*: *Report of the Committee of Enquiry*, Cmnd. 6453, HMSO, 1976)：Ralph Harris and Arthur Seldon, *Pricing or Taxing?*: *Evidence to the Layfield Committee and a Critique of its Report*, Hobart Paper 71, IEA, 1976。——编者注

[24] David Friedman, Assistant Professor of Economics, Virginia Polytechnic Institute, Blacksburg, Virginia.

[25] *The Vote Motive* is the title of a Hobart Paperback (No. 9) by Professor Gordon Tullock and Dr Morris Perlman, IEA, 1976.——编者注

[26] 这是一篇从不同的层面反对1944年教育法案的参考文献。“我们一开始就决定要进行全面的教育改革，如果有任何棘手的问题，那就张开臂膀大把地拥抱它们，不要害怕小小刺痛。这项改革政策已被证明是相当成功的……因为你认可的反对意见越多，它们就越有可能相互驳斥，而给你带来的麻烦也就越少。”摘自Ralph Harris, *Politics without Prejudice*, Staples Press, London, 1956。——编者注

八、出售住房还是对房租进行最高限价？

与乔治·斯蒂格勒就当前住房问题的对话*

1. 背景介绍

1906 年 4 月 18 日，旧金山发生了大地震，接踵而来的是三天大火，烧毁了 3 400 英亩城市中心的建筑。

这个区域的联邦军队司令格里利少将（Major General Greely）是这样描述当时的情况的：

> 没有一个标志性旅馆在地震中幸存，主要的公

* 1972 年，该论文修订稿首次出版在 *Popular Essays on Current Problems*, Vol. 1, No. 2, September 1946。

寓住房都已消失不见……22.5 万人无家可归。

除此之外，地震还损坏或摧毁了许多其他房屋，这个大约拥有 40 万人的城市在三天之内有超过一半的房屋设施被损毁。

各种因素缓解了房屋的严重短缺。许多人暂时离开了城市——大约多达 7.5 万人。1906 年夏季，临时帐篷和收容所的搭建达到了峰值，为大约 3 万人提供了临时住所。并且新的房屋建设正在快速进行中。

然而，灾难过后，幸存的一半房屋必须在数月内容纳该城市原来五分之一的人口。换句话说，平均每一所幸存房屋必须比震前多容纳 40%以上的人。

但是，回顾 1906 年 5 月 24 日的《旧金山编年史》(*San Francisco Chronicle*，震后首次发刊)，竟然对房屋的短缺问题只字未提！分类广告刊登了 64 所公寓和房屋的出租广告（有些不只出租一处住所）以及 19 所房屋的销售广告，而与此相对应的是只有 5 个公寓或房屋的求租广告。从那以后，除了旅馆以外，大量的住所开始出租。

租金配给还是随机配给?

40 年以后，另一场房屋短缺降临在旧金山。而这一次房屋短缺是全国性的。虽然旧金山的房屋短缺还不是最严重的，但由于居民西迁，导致它比全国的平均值还要低。在 1940 年，63.5 万人并没有遭遇房屋短缺。从这种意义上来说，只有 93%的住宅是有人居住的。直到 1946 年，人口上涨了不超过三分之一（人口大概增加 20 万）。同时住宅单位的数量增加了至少五分之一。

因此，旧金山的每间住宿单元不得不比二战前多容纳 10%以上的人。可能会有人说，1946 年的住房短缺只为 1906 年的四分之一，那时每一处幸存的住所单元要比震前多容纳 40%以上的人。

然而，1946 年的房屋短缺问题并没有被编年史或者其他人所忽视。1 月 8 日，加利福尼亚州召集了议会，州长将房屋短缺列为加州面临的“最严重的问题”。在 1946 年年初的头 5 天里，总共只有 4 起房屋出租广告，而在 1906 年 5 月，一天就有 64 起房屋出租广告，并且有 9 起广告是将旧金山的住所与别处的住所进行交换。但是 1946 年，大约每天有 30 起求租广告，而 1906 年震后，每天只有 5 起求租广告。同一时期内，1946 年每天有大约 60 起卖房广告，而 1906 年每天却只有 19 起。

在 1906 年和 1946 年，旧金山面临着一个现在全国都面临的问题：在用以填补短缺缺口的新房屋建成之前，如何将数量相对固定的房屋在渴望更多住房的人们之间分配（即配给）？1906 年，支付更高的租金即可获得房屋配给。1946 年，由于对最高房租征税，利用高房租来配给住房的方法被视为是非法的，于是房屋配给变得随机而具有偏袒性。第三种可能性是房屋由 OPA（美国物价管理局）进行配给。

这三种方法的相对优势分别是什么？

2. 1906 年的方法：价格配给制度

战争的经历使得许多人把房屋配给视为是美国物价管理局的表格、优惠券和命令。

但这只是一个肤浅的观点；没有什么事物如同空气或者阳光那样充裕，从这种意义来说，任何事物都必须被分配。也就是说，无论何时，当人们希望得到比免费获取还要更多的某种事物时，不管是面包、电影票、毛毯还是理发，都必须有一种方法来决定如何在有需求的人们中间分配这些事物。

最常见的和平时期的配给基础是用拍卖的方法进行配给。如果一种商品的需求上升，那么买者之间的竞争就会抬高商品价格。价格的升高会导致买者十分节省、小心并且经济地使用该商品，从而降低对供给商品的消费。与此同时，价格的上涨刺激生产者扩大商品的生产。

类似地，如果一种商品的需求下降，那么价格就会下降，对供给商品的消费扩大并且抑制产出。

1906 年，旧金山使用了这种自由市场的方法来处理其房屋短缺问题，结果房屋租金上涨。然而，即使租金比地震之前高，对于今天那些寻找房屋的人们来说，以 1906 年震后的广告来报价也是残忍的："六个房间和浴室，带两间地下室，有壁炉，家具精美；有一台上好的钢琴；……45 美元。"

在我的例子中，通过高租金来配给房屋的优点很明显：

（1）自由市场中，在各种租金水平上，总是会有一些住房可以立即出租。

（2）竞相抬高的租金促使人们节省空间。直至有足够的新住房，否则挤一挤是唯一的办法。

（3）高租金强烈地刺激了新房屋的修建。

（4）复杂、昂贵并且扩张的机制并不是必需的。这种配给制度是通过价格体系安静并且客观地实施的。

当考虑到该制度的备选方案时，这些优点的重要性就体现得更加清楚了。

对价格配给的异议

这些优点在战前的美国很少被质疑，而现在却对此产生三点异议：

（a）第一个异议通常以这种形式表述，即："有钱人能得到所有的房屋，而穷人却得不到一间房屋。"

这一异议是不正确的：在1906年房屋极度短缺的任何时候，价廉物美的公寓和房屋都是可以找到的。事实是，在自由市场条件下，那些付钱更多的人会得到较好的住所，要么是因为他们有更多的收入或者更多的财产，要么是因为相对于汽车，他们偏爱房子。

而这一事实与今天的房屋短缺问题无关，与1940年的房屋问题也无关联。实际上，如果个人在收入与财富上的不平等能证明今天的租金管控是正确的，那么它就能为1940年的房屋管控提供更强有力的理由。令人担忧的是，如果有的话，有钱人在那时可能会比现在得到更多的房屋。

现在，平均每个人或者家庭至少拥有与战前一样多的房屋空间。此外，现在国家总收入在家庭之间的分配比战前更加公平了。因此，如果租金摆脱了法律束缚，并自己寻找合适的价格水平，那么人们居住的房屋数量与战前一样多，并且将会被分配得比那时更加公平。

之所以要采取长期手段以减少收入和财富的不平等，简单的理由是，在自由市场条件下，收入更多或者持有更多财富的人们能得到更好的住所。对于我们这些人而言，我们希望相关分配比现在更加公平，不仅在房屋分配上还在其他所有的商品分配上，当然，能直接解决现有的收入和财富不平等问题，总好过将人们生活中的上百种商品或服务一一进行配给。而让人们获得不平等的收入之后，又煞费苦心地以代价高昂的方法来阻止他们使用这些收入，这真是愚蠢至极。

（b）取消租金控制的第二个异议常常是指房东可能会从中受益。除所谓房屋黑市以外，很显然房租会上涨；房东的收入也会增加。但这是缺点吗？在任何配给体系下，都有某些人群会获利，而且很显然，比起其他大多数人群，城市住宅的房东们从战争扩张中的获利更少。

最终，房屋的短缺问题必须通过建造新的住宅来解决。而大多数新的住宅是业主自用的。但是许多人更愿意或者必须居住在出租屋里。增加住房或改善这些人的住房条件在很大程度上取决于用于出租的新房屋的建造。我们通过给企业型房屋建造商支付可观的回报来鼓励修建新的出租房屋（即成为房东），这种方法很奇怪。

（c）对于房屋自由市场的第三个异议是租金的上涨意味着通货膨胀，或者导致通货膨胀。

但通货膨胀是多种商品价格的共同上涨，而且直接攻击威胁的根源会更加简单，其根源便是增加的家庭收入以及为几乎所有增加的支出提供资金支持的流动性源头。重税[1]、政府节约开支，以及对货币存量的管控是对付通货膨胀的重要武器。摆弄数百万的单项价格（例如，旧金山某间房屋的租金、芝加哥某份牛排的价格、纽约某套西装的价格）意味着只是拙劣且低效地处理通货膨胀的症状和后果，并非直击通胀的真正源头。

然而也有人说，我们并没有借助财政和货币政策进行控制，而且不打算这样做，所以取消租金管控会刺激工资增长，而后物价便会上涨——这就是大家熟悉的恶性通货膨胀。我们并不质疑这个观点是合理的，但它有说服力吗?要回答这个问题，我们必须一方面对继续进行租金管控所产生的成本进行评估，另一方面考虑如果取消租金管控可能会给通货膨胀带来的影响。接下来，我们简单地讨论一下目前的体系所产生的成本，并在结论部分对租金上涨所产生的通胀威胁进行简单的评价。

目前待售房屋的配给

房屋最高限价造成的供给缺口意味着目前由业主入住的房屋是以 1906 年的方法进行配给的，即分配给竞价最高者。对于相对固定的供给而言，房屋需求是巨大的并且是增加的，因此，房屋的售价也随之上涨。结果，许多房东都认为以已经通胀的市场价格出售房屋，要优于以固定最高限额的价格出租房屋。

因此，租金的最高限额就意味着增加的一小部分房屋供给会用于业主自用，而租住屋几乎是不可能找到的，至少以合法的价格是几乎不可能租到房子的。1906 年，当房租和房屋售价都自由上涨时，《旧金山编年史》记载称，每 10 所房子出租，便有 3 所房子出售。而在 1946 年，在租金管控政策下，大约每 10 所房子出租，便有 730 所房子出售。

因此，房屋买卖的自由市场允许拥有足够资本的人进行分期付款，通过购买以解决他们的住房问题。通常，这意味着购房者一定会债台高筑，并且使得原本用于其他消费的资金用于分期付款。

即使这样，有钱人还是能找到很多有购买吸引力的房子以供购买。房屋价格很高——但这就是能买到房子的原因所在。最后，有钱人得到的房屋、家装设施以及其他东西都比他希望的要差一些，或者比他记忆中以战前的价格可以购买到的东西要差一些，但是至少他有能为一家人遮风避雨的屋顶。

因此，1946 年所实施的房屋租金管控方法并未能避免对高租金房屋配给方法的一大批判——即有钱人在满足其房屋需求上是占优势的。的确，1946 年的方法使这种情况更加严重了。通过鼓励现有房客自由地使用空间，并且强迫人们租借和购买那些更愿意用于出租的房屋，现有的方法使得房屋售价上升的幅度比没有租金管控时更高。

为了避免让那些有钱人具有获得房屋的优先权，政府要对房屋的售价进行上限管控。这可能会缩小价格配给的范围，并相应地扩展目前对出租资产进行价格配给的租金管控方法。如果目前对出租住宅进行配给的方法令人满意的话，那么这就是一个明智的政策。

但是，那些想租房子的人究竟处于怎样的境地呢?

3. 1946 年的方法：随机和按照偏好进行配给

打算租房的人与打算买房的人是完全不同的。如果租房者能找到住所，那么他就可能以合理的价格支付租金，即战前的租金水平。但是，除非他找不到其他可租住的房屋，否则租房者不会愿意支付一笔数量可观的租金（用于支付家具或者以其他迂回的方式进行支付）。

房租的合法上限便是可供出租的房屋如此少的原因所在。现在国民货币收入已经翻倍，所以大部分个人和家庭的货币收入已远高于战前水平。所以他们能够支付比战前高许多的房租，然而法律规定他们并不需要支付更高的房租；因此他们试图获得更多更好的房屋。

但并不是所有数以百万计的个人和家庭都能成功获得房屋（这些个人和家庭自 1940 年开始分散居住），因为房屋的供给只是与人口增长速度一样快。那些成功获得房屋的人们迫使其他人不能获得房屋。那些没那么幸运和新进入房屋市场的人们（退伍军人、新婚夫妇以及更换房屋的人）试图获得比可供出租的更多的房屋，并且比他们在战前所需的房屋更多，于是一大群房屋申请者去抢租一处房屋的熟悉景象又出现了。

《旧金山编年史》上的广告再一次记载了房屋租金最高限额政策的影响。1906 年，大地震过后，当房租自由上涨时，每 10 处房屋或者公寓就有一处是有租住需求的；1948 年，每 10 处房屋的租住需求增加为 375 个。

一位退伍军人的找房经历

1946 年 1 月，《纽约时报》报道了查尔斯·施瓦茨曼（Charles Schwartzman）的经历，他是“一个 30 岁出头的活跃的年轻人”，最近刚从部队退伍。施瓦茨曼先生辛辛苦苦地找了三个月房子。

> ……开着他的车四处寻找住所……他已经找遍整个城市，包括周边的牙买家湾、皇后区和拉奇蒙特地区，并且他还在几乎每个房屋中介公司登记。他在报纸上刊登求租广告并对于出租广告给予回应。

他拜访了位于花园街500号的纽约市退伍军人服务中心和美国退伍军人协会住房分会；他与朋友们谈论住所的问题，向亲戚们求助，甚至写信给杜威（Dewey）州长，但是结果呢？

结果是得到一处低标准的没有水暖系统的平房。一处位于中央公园西侧101号街，有四间卧室，每月租金为300美元，并且需要提前为家具支付5 000美元的住房。一处由一位年轻女性（她即将去哈瓦那）提供的，位于中央公园以西88号街，只有一间卧室，重新粉刷过但并未重新修建的用褐色砂石所建的老房子，房租为每月80美元，前提是要他以1 300美元的价格买下家具并支付100美元的中介费。

还有一处转租房屋位于West Side旅馆，有两间宽敞的房间，租金每月只要75美元，结果却发现旅馆主人已经把这个套间从月租清单上删掉，而将其列入日租价格更高的日租清单上。

谁能得到房屋?

出租房屋现在以多种形式随机并按照偏好进行分配。第一优先权归属于在发生房屋短缺之前就已获得房屋，并有意愿继续租住的家庭。

房屋第二优先权由两类人获得：（i）那些愿意并能够避免或逃避[2]租金上限的人，无论是通过某些合法手段，还是以现金的形式支付物价管理局的最高租金；（ii）房东的朋友或者亲戚，或者其他负责房屋出租的人。

那些潜在的房客却不在这些受益人群里，他们正在奋力争抢剩余的住房资源。能成功获得住房的那些人是幸运的，他们拥有最小的家庭，在寻找房源上花费时间最多，能设计出最精明的计划来寻找所有可能空缺的房屋，同时他们还是最令人满意的房客。

房屋最后优先权由必须要工作养家的人获得，而他的妻子必须在家照顾年幼的孩子们。他们是不会花时间大海捞针的。即便他能找到一处住所，他们也可能被拒绝，因为没有孩子的家庭比有幼儿的家庭更能成为令人满意的房客。

现行配给方法的社会经济成本

实际上每个未能成功购买或者租住房屋的人现在都以某种方式获得了住所。一小部分人住在紧急住所处——例如活动房集中地、预制应急住房、改变用途的部队营地。大多数是与亲戚或者朋友同住，这一解决办法会导致严重的社会负面效应。

亲戚或朋友愿意提供的房屋所在地可能与理想中的

地理位置相距甚远。为了与家人住在一起，丈夫必须要牺牲出行的方便，并且接受该所在地的任何一处可获得的住房。如果在那里没有住所或者只有一个条件很差的住所，那么他可能不得不与家人分离一段未知的时间，去别处寻找工作机会。然而，对方便出行的房屋的社会需求又是很旺盛的（目前尤其旺盛）。战后的最佳人口分布与战前截然不同，战后重建需要人们愿意并能够改变他们的居住地。

目前对于与亲朋好友同住的这种方法的担忧，不仅限制了同住者的行动，还限制了不同住的人的行动。那些幸运地获得住所的人在搬去另一个城市前会三思而行，在新城市他可能会成为不受欢迎的最近到来者之一。最容易预测的搬家成本便是与家人分离，丈夫为了寻找住房而远离，妻儿留在原地或者借住在亲戚家。

租金上限政策还对没有与人同住的房屋在降低效率方面，产生重要影响。现在节省房屋空间的动力比战前要小多了，这是因为现在的租金比平均货币收入要低得多。如果战前搬入较小的住宅或者招揽租客入住并没有那么令人满意，那么现在这样做就没有别的原因了，只能是爱国之情和人道主义使然——又或者可能是害怕亲戚们突然借住多余出来的住房空间。

的确，房屋短缺是由租金上限政策为有效使用房屋带来的新阻碍所造成的：房客通常不会放弃超大的公寓而寻找更合适的住所。并且，每每出现房屋空缺时，房东都更愿意出租给更小的家庭或者单身者。

租金上限的取消会引起截然不同的同住方法。在自由的租房市场上，那些认为牺牲的空间会由租金收入得以偿付的人们会交出一定的房屋空间。愿意提供同住房屋的通常是那些有多余房屋空间并需要更多收入的人，而并非现在那些出于家庭责任或者义务，忽略可利用空间大小和其他条件的人。那些从别人处租住房屋的人进行的是一次严格意义上的商业交易，并不会觉得他们是在强加、累积个人义务，或者使得房屋提供者觉得不公平或者令人讨厌。他们能更好地找到与他们工作地点相关的租住房屋。工作者们能重新获得出行便利，房东们更有意愿接受更多的人入住。

4. 公共配给方法

目前由房东来分配房屋的方法的缺点是很明显的，并且是很严重的。这种配给制度是一种个人配给，当然，这也是在战时物价管理局取代了杂货店来承担肉类、油类、罐头食品和糖类的配给任务的原因。那么物价管理局应该承担房屋的配给任务吗？那些赞成将房屋配给任务交予公共机构的人们认为，这样做会消除对新来者、有孩子的家庭的歧视，并偏好那些有着良好朋友圈的家庭。

“政治”配给问题

然而，为了保障房东和房客之间的公平性，物价管理局不得不告诉房东们他们拥有的房屋空间过大，必须要么贡献出一部分空间，要么搬入较小的住所去。毫无疑问，从政治的角度来看，命令一个拥有房产的美国家庭要么接受一个陌生家庭（因为自由选择会破坏分配的目的）的入住，要么就搬家，这种做法是完全不切实际的。

即使这些困难是可以克服的，那么如何决定一个家庭应该拥有的房屋空间呢？不同性别的孩子何时需要分房居住呢？残疾人需要住在一楼吗？如何定义残疾人？在家里工作的人（例如医生、作家、音乐家）需要更多的房屋空间吗？哪些职业需要住在交通便利的地方，哪些家庭应该拥有大花园？婆婆（岳母）必须与家人同住吗？还是她应该单独住一套房子？

物价管理局将需要花多长时间来回答这些问题，并决定哪些房客或者房东必须搬走，从而为那些物价管理局认为应该拥有该房屋的人腾出空间？

房屋短缺所持续的时间也受到了影响。出于对房客和房东的公平性考虑，新建房屋也必须服从房租上限政策进行分配。如果新建房屋的租金比那些现有类似住房的租金高很多，那么为了鼓励修建新房屋，就要牺牲租金控制和房屋配给的主要目标之一，即公平地对待每一个人。此外，如果新建房屋的租金与现有住房收取的租金一样，那么用于出租而修建的私人房屋就会很少或者根本不存在。

总而言之，由公共部门来分配房屋是不大可能被彻底接受的。即使只将它应用于出租房屋，也会引起很大的管理和道德问题。

当前房屋短缺的原因及可能持续的时间

鉴于自 1940 年以来，人口的适度增长和住房的实际增长，当前的房屋短缺问题看起来如此严重，以至于大多数人对一个笼统的解释感到茫然。更确切地说，他们指的是一些城市的迅速发展——但是所有的城市都存在房屋短缺问题。又或者他们指的是结婚率和出生率的上升——但是这些数据很少用于衡量住房设施或者与之进行比较。

实际上，住房供给与非农村人口的增速是保持一致的，正如下表基于政府数据所做出的估测所示（表 1）。有些地方比 1940 年时要拥挤，而其他地方却没那么拥挤，但是广泛的事实证明，有住房的人口数量和家庭数量已经增加了 10%，同时住宅单元的数量也增加了大约 10%。

表 1　美国住房和非农村人口数量的增加（1940 年 6 月）

	非农村人口		
	所占住宅单位数量（百万）	人口数量（百万）	每住宅单位容纳人数（个）
1940 年 6 月 30 日	27.9	101	3.6
1944 年 6 月 30 日	30.6	101	3.3
复员结束以后（1946 年春季）	多于 31.3	大约 111	少于 3.6

两种因素可以解释为何现在房屋短缺问题看起来要比 1940 年严重得多，即使平均每人或每个家庭的房屋数量几乎是一样的。

（1）美国公众的总货币收入自 1940 年起已经翻倍，所以即便租金大幅上涨，普通美国家庭也支付得起更大和更好的住宅。

（2）租金小幅上涨。从 1940 年 6 月到 1945 年 9 月，租金增幅小于 4%，而所有其他生活消费价格却上涨了 33%。

所以，价格结构和收入的增加促使普通美国家庭获得相对战前而言更好的住所。物价管理局在规范租金方面的成功因而在很大程度上归因于对房屋的旺盛需求和由此而导致的房屋短缺，因为相对其他消费品而言住房是便宜的。

未来的房屋问题

租金上限政策并没有缓解房屋的短缺问题。实际上，它更可能使短缺问题持续下去：对新建住宅实施租金上限政策并不顺利。在并未增长过快的生活成本中，房租是唯一重要的。除非出现恶性通货紧缩，没有人希望这样，也没有任何行政机构允许出现这种情况，否则房屋租金的变化不能与其他所有重要的价格和成本的变化一致，包括建筑成本。因此，新建住宅的数量一定会少得令人失望，除非（1）来一场产业革命以大幅降低建筑成本，或者（2）政府补贴建筑行业。

人们真诚地希望来一场建筑方法的产业革命。如果革命真的来到，那么租金越高，革命就来得越快。如果它不会到来，那么在大多数情况下，现有的建筑方法只能使那些支付得起又愿意拥有房屋的人进行存量房屋交易。因此，人们越来越难找到出租屋。

当我们拥有高货币收入并且急切地渴望住房时，对建筑进行补贴可能会成为一个不必要的悖论。现在，很少有人能支付得起他们的房屋。如果补贴能成功刺激房屋的建造，那么租金上限政策就可能在租金不上涨的情况下慢慢地被取消。但是建筑成本仍然很高（比没有补贴时高），因此房屋的修建数量会暴跌到一个很低的水平，并在低水平处维持很长一段时间。渐渐地，房屋供给会下降，同时大幅上升的人口数量使得租金上涨到一个有利可图的水平。因此，对建筑的补贴导致了房屋建筑前所未有的严重不景气；在整个行业不景气的时候，对繁荣经济的希望便是不负责任的乐观主义。

因此，除非我们很幸运（建造公寓和房屋的成本出现革命性的下降），或者不幸（出现恶性通货紧缩），又或者尤其地不明智（实施建筑补贴），否则只要租金由于法律管控而被压低，就仍将存在“房屋短缺”。只要由租金上限政策所导致的房屋短缺问题仍然存在，就会有继续进行租金管控的呼声。这也许是对租金上限政策最强有力的控诉。

对这个令人不自在的窘境所存在的不完全且大部分是下意识的认知，解释了对新修建筑取消租金上限政策或者实施更宽松的租金上限政策这一提案被频繁提出的原因。这一提案涉及部分废除租金上限政策。而基于目前通过随机和根据偏好来分配现有房屋的方法，比由高租金来配给的方法要更加公平，使得一部分租金上限政策得以保留。但是用高租金来配给未来的房屋供给要比目前的方法更加公平。

5. 结　论

因此，租金上限政策导致了居住空间的随机和任意分配、空间利用的低效率、新建房屋的工期延迟以及租金上限政策的无止境持续，又或者导致了对新建房屋的补贴和居民建筑将来的不景气。由公共部门进行的正式房屋分配可能会使情况恶化。

除非取消租金上限政策会强烈地刺激通货膨胀，因此对于该政策并未有强烈的支持。事实上，更高的房租不会对其他商品和服务造成直接的通货膨胀压力。房客们用于购买其他商品和服务的资金的减少，会抵消掉房东获得的额外收入。

更高的房租可能会间接产生其他通货膨胀压力；更高的房租会提高生活成本，这为工资上涨提供了借口。在政府直接干预固定工资的年代里，这个借口可能会导致一些之前不会出现的工资上涨方式，因而导致更进一步的物价上涨。

这种间接的影响到底有多重要呢？一旦取消租金上限政策，对那些新房客和未签订合约的已有房客而言，租金会大幅上升。在租约的保护下，大部分已存在的房客只会经历适度的房租增长，或者房租对他们而言根本不会增长。由于住宅只能缓慢地进入租房市场，因此所有房屋的平均租金增长会远比新房客所支付的金额增长要低，而生活成本上涨得就更少了。

当更多的房屋进入租赁市场时，在不考虑通货膨胀的情况下，尽管整体上，平均租金将继续上涨，但是对新租户收取的租金的初始增长将会减缓。

一年以后，市场平均房租会上涨大约 30%。但是这意味着生活成本只会上涨 5%，因为房租只占有不到五分之一的生活成本。这个增长量（每月小于 0.5%的生活成本的增长）是不可能产生一般性通货膨胀的。

预防出现一般性通货膨胀，这一问题应该被直接解决；而不是通过对某些领域实施某种管控来解决，这只是将问题暂时抑制，而并没有彻底根除。因此，我们认为，并不值得花费一部分巨额社会成本来实施不足以抵抗通货膨胀的租金上限政策。

没人能从房屋问题的解决办法中获利；但有些人一定会受到伤害。问题的重点是，有些人一定会被迫或者被劝说去住那些在目前的法定房租下比他们所愿意支付的房屋面积更小的房子。现有的房屋分配方法使得小部分人（主要是刚退伍的军人和战争移民工人，以及他们的家人、朋友和亲戚）做出了主要的牺牲。

高租金房屋配给方法，通过劝说其他许多人居住更小的房屋来帮助以上所提及的那一小部分人，这样做的优点是，能将住房短缺的负担在整个社会人群当中进行更均匀的分摊。这种方法可能会马上伤害更多的人，但是相对于现有的方法，伤害程度并没有那么严重。这既证明了按照更高房租进行房屋配给的合理性，又说明存在着对取消租金上限政策的主要政治阻碍。

最后要提醒读者的是：我们着重强调我们的目标与你们是一致的——即尽可能最公平地分配有效的住房供给，尽可能最快速地开始兴建住宅。房租的上涨可能是紧随房租管控政策的取消而产生的，但其本身并不是有害的。我们并不愿意支付更高的房租，也不愿意眼睁睁地看着别人被迫支付更高房租，或者看着房东坐收意外之财。而我们急切地想要取消租金上限政策，是因为在我们看来，任何住房短缺问题的解决办法都会导致更深重的罪恶。

注 释

[1] 这在 1946 年的美国可能是正确的。如果高税收降低了“实得工资”，并鼓励有实力的工会要求雇主大幅增加由于货币扩张所能带来的收入，那么 1972 年英国的情况是否属实就越来越令人怀疑了。——编者注

[2] 这些词在英国的意思是一样的：偷税漏税是对应缴纳的税收收入的非法隐瞒，避税是合法地将应纳税收入降低到最低限度。——编者注

Monetarist Economics, 1st edition by Milton Friedman
ISBN: 9780631171119

图书在版编目（CIP）数据

货币经济学/（美）米尔顿·弗里德曼著，任力译．
--北京：中国人民大学出版社，2020.3
（诺贝尔经济学奖获得者丛书）
ISBN 978-7-300-27784-4

Ⅰ.①货… Ⅱ.①米… ②任… Ⅲ.①货币主义 Ⅳ.①F091.353

中国版本图书馆 CIP 数据核字（2020）第 000665 号

"十三五"国家重点出版物出版规划项目
诺贝尔经济学奖获得者丛书
货币经济学
米尔顿·弗里德曼 著
任 力 译
Huobi Jingjixue

出版发行	中国人民大学出版社		
社　　址	北京中关村大街 31 号	**邮政编码**	100080
电　　话	010－62511242（总编室）		010－62511770（质管部）
	010－82501766（邮购部）		010－62514148（门市部）
	010－62515195（发行公司）		010－62515275（盗版举报）
网　　址	http://www.crup.com.cn		
经　　销	新华书店		
印　　刷	涿州市星河印刷有限公司		
规　　格	160 mm×235 mm　16 开本	**版　　次**	2020 年 3 月第 1 版
印　　张	18.25 插页 2	**印　　次**	2024 年 5 月第 4 次印刷
字　　数	148 000	**定　　价**	68.00 元